MWYNGLODDIO METEL YN UCHELDIR CEREDIGION

Arweiniad i hanes a diogelu ein treftadaeth mwyngloddio metel

METAL MINING IN UPLAND CEREDIGION

A guide to the history and protection of our metal mining heritage

Llywodraeth Cynulliad Cymru
Welsh Assembly Government

ARCHAEOLEG
CAMBRIA
ARCHAEOLOGY

Cyngor Cefn Gwlad Cymru
Countryside Council for Wales

Ysbryd y Mwynwyr
Spirit of the Miners

'...our way lies under steep precipices, on the right of the valley, near some old mines of lead-ore; whose dingy scrofa, impending above the high road, choaks the river into which it falls, and which now runs broad and shallow through the vale, manifesting to the admiring spectator the amplitude of the excavations into the bowels of the rock, whilst the powder-blasted, gloomy crags, that scowl above the aperture, convey no bad idea of the sulphurous soil of Milton's nether world.'

(G.Cumberland-1796 'An attempt to describe Hafod')

CYNNWYS

4   CYFLWYNIAD
Daeareg
Y Defnydd a Wneir o Blwm, Arian a Sinc
Glowyr Cynnar
Mynachod y Mwyngloddiau
Yr Helfa Arian
Anturiaethwyr Mwyngloddio
Troeon yr Yrfa

14   TECHNOLEG MWYNGLODDIO
Archwilio
Echdynnu
Paratoi'r Mwyn
Ynni, Ffrydiau a Chronfeydd
Toddi
Cludiant

19   CYMUNEDAU MWYNGLODDIO
Tai
Crefydd

21   BYWYD GWAITH
'Taro Bargen'
Iechyd

23   EIN TREFTADAETH MWYNGLODDIO
METEL HEDDIW
Olion Uwchben y Ddaear
Dan y ddaear

26   GWERTHFAWROGI TREFTADAETH MWYN
GLODDIO CEREDIGION
Cadwraeth Natur a Mwynau
Llygredd

28   AMDDIFFYN EIN TREFTADAETH MWYNGLODDIO
Dewisiadau Ymarferol er Diogelu
Mae Cymorth a Chyngor wrth Law

30   DIOGELWCH

32   MANNAU I YMWELD Â NHW
Map

CONTENTS

4   INTRODUCTION
Geology
The Uses of Lead, Silver and Zinc
Early Miners
Mining Monks
The Search for Silver
Mining Adventurers
Fluctuating Fortunes

14   MINING TECHNOLOGY
Prospection
Extraction
Ore Preparation
Power, Leats and Reservoirs
Smelting
Transport

19   MINING COMMUNITIES
Housing
Religion

21   WORKING LIFE
'Bargain Setting'
Health

23   OUR METAL MINING HERITAGE TODAY
Above Ground Remains
Below Ground

26   VALUING CEREDIGION'S MINING HERITAGE
Nature and Mineral Conservation
Pollution

28   PROTECTING OUR MINING HERITAGE
Practical Options for Protection
Assistance and Advice is at Hand

30   SAFETY

32   PLACES TO VISIT
Map

CYFLWYNIAD

Mae cymeriad nodweddiadol tirlun trawiadol ucheldir Ceredigion, sy'n cael ei gyfrif yn 'naturiol' erbyn hyn, mewn gwirionedd wedi ei ffurfio a'i newid gan bobl dros filoedd o flynyddoedd. Denwyd y bobloedd hyn i'r rhanbarth gan ymchwil am y cyfoeth o fwynau sydd ynddo. Ceir tomenni rwbel ac adfeilion adeiladau ar wasgar ar draws y tirlun; gan dystio i ddiwydiant mwyngloddio metel a oedd unwaith yn ffynnu ac a adawodd ei ôl yn drwm ar hanes cymdeithasol a diwylliannol y rhanbarth, Cymru a'r byd. Mae mwyngloddio metel wedi darfod erbyn hyn, ac mae'r ucheldiroedd yn ardal amaethyddol dawel. Mae olion hanes cyfoethog mwyngloddio metel yng Ngheredigion wedi goroesi o'n cwmpas ond bellach at ei gilydd heb eu gwerthfawrogi'n llawn. Mae rhai'n eu hanwybyddu, eraill yn eu cam-drin ac eraill eto'n credo eu bod yn halogi tirlun a fyddai fel arall yn wyllt a naturiol. Mae'r llyfryn hwn yn rhoi golwg ar ddiwydiant mwyngloddio metel Ceredigion gynt, gan esbonio ei dechnoleg a'i bwysigrwydd a'i gyfraniad at hanes a diwylliant yr ardal. Ceir cyngor a gwybodaeth i annog pobl i werthfawrogi, cadw a diogelu ased o bwysigrwydd cenedlaethol.

INTRODUCTION

The distinctive character of the Ceredigion upland landscape that today we consider 'natural', has in fact been shaped and changed by people over thousands of years. These people were drawn to the region in search of the mineral wealth the region contains. Scattered throughout the ruggedly beautiful mountainous landscape, are spoil tips and ruined buildings that are testament to a once thriving metal mining industry that had a profound influence on the social and cultural history of the region, Wales and the world. Today metal mining has ceased, and the uplands are a tranquil agricultural region. Traces of Ceredigion's rich metal mining history survive around us but are now generally under appreciated, seen by many as polluting scars on an otherwise wild and natural landscape. This booklet presents the proud metal mining heritage of Ceredigion, describing its history and technology and its influence on the culture and landscape of the region. Advice and information is provided to encourage the appreciation, conservation

Llun o'r awyr o Fwynglawdd Cwmystwyth (Archaeoleg Cambria) *Cymtstwyth Mine from the air (Cambria Archaeology)*

Daeareg

500/430 o filiynau o flynyddoedd yn ôl yn yr 'Oes Balaeosoig' roedd y tir lle mae Cymru ar hyn o bryd wedi ei foddi o dan y môr. Yn raddol cynyddodd silt a thywod a orffwysai ar waelod y môr, yn haenau o waddod a ffurfio'n greigiau. Tua 350 o filiynau o flynyddoedd yn ôl, plygwyd a thorri'r gwaddodion cerrig gan symudiadau enfawr yng nghramen y ddaear. Cododd mwynau, a oedd wedi toddi yn yr heli yn ddwfn yng nghrombil y ddaear trwy'r craciau yn y creigiau a blygwyd a throi'n grisialau, gan ddod yn y pen draw yn wythiennau o gwarts a mwynau sylffad haearn (sef mwynau sy'n cynnwys metelau gyda chyfuniad o sylffwr), gan gynnwys plwm, arian, copr a sinc.

Tua 2.4 o filiynau o flynyddoedd yn ôl, dechreuodd cyfres o oesoedd iâ. Cerfiodd a llyfnhaodd rhewlifoedd greigiau'r maes mwynau a ffurfio'r tirlun a alwn erbyn hyn yn Fynyddoedd Cambria. Yn ddiweddarach, rhannwyd y mynyddoedd hyn gan ddyffrynnoedd dyfnion afonydd Rheidol, Ystwyth a'u llednentydd. Mae ardal gogledd Ceredigion, gogledd orllewin Powys a de orllewin Gwynedd lle cloddir mwynau ers canrifoedd yn ffurfio 'Maes Mwynau Canolbarth Cymru'.

Geology

500/430 million years ago in the 'Palaeozoic Age' the land that is now Wales was submerged beneath the sea. Silt and sand that settled on the sea bed, built up in layers of sediment and slowly turned to rock. Around 350 million years ago, massive movements in the earth's crust folded and cracked the rock deposits. Minerals dissolved in salt water deep within the earth travelled up through the cracks in the folded rock and turned into crystals, eventually becoming veins of quartz and metal sulphide ores (minerals containing metals combined with sulphur), including lead, silver, copper and zinc.

From about 2.4 million years ago a series of ice ages began. Glaciers carved and smoothed the rocks of the ore field into the hilly landscape that we now know as the Cambrian Mountains. Later, the deep river valleys of the Rheidol, Ystwyth and their tributaries, dissected the mountains. The area of northern Ceredigion, north west Powys and south west Gwynedd where the minerals have been mined for centuries comprise the 'Central Wales Ore Field'.

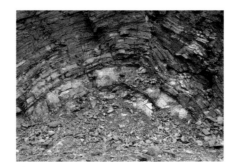

Gwaddodion creigiau plyg (B. Fitches)
Folded sedimentary rock deposits (B. Fitches)

Sphalerite (ZnS) galwyd hwn yn flend sinc neu "Black Jack" gan y mwynwyr. Yn ei stad naturiol mae iddo liw brown tywyll
Sphalerite (ZnS) was known to the miners as zinc blende or "Black Jack". In its natural state it is a dark brown colour

Chalcopyrite (CuFeS2) haearn copr sylpheid. Mae modd camsynied ei liw melyn euraidd am aur gan ymchwilwyr dibrofiad
Chalcopyrite (CuFeS2) copper iron sulphide. Its golden yellow colour can be mistaken for gold by inexperienced prospectors

Galena (PbS) Mwyn â phlwm ac arian ynddo. Pan fydd newydd ei dorri mae'n ymddangos fel arian llwyd metelaidd sy'n disgleirio yn y golau
Galena (PbS) An ore bearing lead & silver. When freshly broken it has a metallic silver grey appearance which glitters in the light

(Lluniau: Amgueddfa Ceredigion, Aberystwyth)
(Photos: Ceredigion Museum, Aberystwyth)

Y Defnydd a Wneir o Blwm, Arian a Sinc

Defnyddiwyd metel plwm a'i ffurfiau cyfansawdd mewn amrywiol ffyrdd ers cymaint â 4,000 o flynyddoedd yn ôl yn yr Aifft hynafol. Defnyddiwyd ocsidiau plwm i wneud gwydr, ffenestri, lliwiau, a cholur a meddyginiaeth hyd yn oed. Mae modd bwrw'r metel yn amrywiaeth o wrthrychau defnyddiol ac addurniadol fel offer cadw a choginio, delwau bach, seliau, pwysau a phelenni. Ar raddfa fwy fe'i defnyddiwyd ar gyfer gwaith plymio ac yn ddalennau wrth osod to ar dai, leinio tanciau dŵr a gwneud eirch. Defnyddir plwm hefyd wrth gynhyrchu efydd a phiwter.

Ystyriwyd arian yn fetel gwerthfawr erioed, a'i ddefnyddio yn bennaf mewn celfyddyd addurno neu fel arian cyfredol. Gydag arian, roedd modd ennill cyfoeth, grym a dylanwad.

Cyfunir sinc a chopr er mwyn cynhyrchu pres. Datblygwyd defnyddiau eraill o'r metel hefyd. Rhoddwyd patent ar y broses alfaneiddio ym 1837. Mae'r broses hon yn defnyddio haenen o sinc i atal metelau rhag erydu ac fe'i defnyddir fel arfer i gynhyrchu dalennau o haearn rhychog wedi ei alfaneiddio. arweiniodd y galw newydd am sinc at ailweithio nifer o'r mwyngloddiau i brosesu mwynau â sinc ynddynt a oedd wedi eu bwrw heibio fel rhai heb lawer o werth mewn cyfnod cynharach.

The Uses of Lead, Silver and Zinc

Lead metal and its compound forms have been used in a variety of ways since as early as 4,000 years ago in ancient Egypt. Lead oxides were used in glass, glazes, pigments, and even in make-up and medicines. The metal itself can be cast into a variety of useful and decorative objects such as storage and cooking utensils, figurines, seals, weights and shot. On a larger scale it has been used for plumbing and in sheets to roof buildings, line water tanks and for making coffins. Lead is also used in producing bronze and pewter.

Throughout history silver has been prized as a precious metal, primarily used in the decorative arts and as currency. With silver, wealth, power and influence could be obtained.

Zinc is combined with copper to produce brass. Other uses for the metal were developed. In 1837 the galvanization process was patented. This uses a coating of zinc to prevent corrosion to metals and is commonly used to produce corrugated galvanised iron sheeting. The new demand for zinc led to many of the mines being reworked to process the zinc bearing minerals that had been discarded as of little value in earlier times.

Carreg Angharad Fychan yn Erglodd, 'carreg fwcio' cynhanesyddol a gynhwyswyd yn rhan o wal gerrig (S. Hughes)

Carreg Angharad Fychan at Erglodd, a prehistoric 'bucking stone' built into a drystone wall (S. Hughes)

Mwynwyr Cynnar

Am fod mwynau Ceredigion yn gymharol agos at yr wyneb, ac yn hawdd eu cyrraedd, buont yn ganolbwynt gweithgaredd mwyngloddio o'r oesoedd cynnar.

Cloddiwyd gweithfeydd mwyngloddio'r Oes Efydd (am aur neu gopr fwy na thebyg) sydd wedi eu dyddio i tua 2000 CC, ym Mryn Copa, Cwmystwyth, lle darganfuwyd offer fel morthwylion cerrig a cheibiau cyrn ceirw. Mewn safleoedd mwyngloddio eraill, darganfuwyd morterau cerrig hynafol a elwir yn "gerrig bwcio", a ddefnyddiwyd i chwalu a golchi mwynau. Yn 2002 darganfuwyd cafn deri mawr wedi ei ddyddio i'r Oes Efydd, ac a ddefnyddiwyd o bosibl i brosesu mwynau, yng nghors y Borth, lle darganfuwyd tystiolaeth o doddi plwm Brythonig-rufeinig hefyd yn ddiweddar.

Mae peirianwaith trawiadol mwyngloddiau aur Dolaucothi yn Sir Gaerfyrddin, yn dyst i allu mwyngloddio'r Rhufeiniaid, ac roedd defnydd eang i blwm yn ystod y cyfnod Rhufeinig. Ychydig a wyddom, serch hynny, am weithgarwch mwyngloddio a thoddi plwm y Rhufeiniaid yng Ngheredigion. Diau y daw rhagor o dystiolaeth i'r golwg yn y dyfodol.

O bryd i'w gilydd mae mwynwyr modern wedi dod ar draws tystiolaeth i'r un gwythiennau o fwynau gael eu cloddio mewn dyddiau a fu. Gwnaeth Lewis Morris ddarganfyddiad o'r fath yn Nhwll y Mwyn ger Penrhyn-coch tua 1745:

Early Miners

Because the mineral ores in Ceredigion were relatively close to the surface and easily accessible, they became a focus for metal mining activity from early times.

Bronze Age mine-workings (probably for copper or gold) dated to about 2000 BC have been excavated at Copa Hill, Cwmystwyth, where tools such as stone hammers and antler picks were found. At other mine sites, ancient stone mortars known as "bucking stones" or "cerrig bwcio", used for crushing and washing ore, have been found. In 2002 a large oak trough dated to the Bronze Age, and possibly used in ore processing, was found at Borth bog, where evidence of Romano-British lead smelting has also recently been discovered.

The impressively engineered workings at the Dolaucothi gold mines in Carmarthenshire, are a testament to Roman mining skills, and the use of lead was widespread during the Roman period. Little, however, is currently known about Roman lead mining and smelting activities in Ceredigion. More evidence undoubtedly awaits discovery.

Occasionally modern miners have come across evidence that the same veins of ore were mined in ancient times. Lewis Morris described such a discovery at Twll y Mwyn near Penrhyncoch in about 1745:

'This mine seems to have been wrought in the beginnings of times, and before the use of iron was found out, and when mankind knew the use of no tools but stones. I have seen this work open'd, and the stone wedges and charcoal taken up with which they split the rocks.'

(LLGC Ll 603E, t.40/NLW MS 603E, P.40)

Datgloddio toddi plwm yn y Borth. Mae'r pridd melyn ar odre'r aelwyd sydd wedi ei gorchuddio â deunydd gwastraff y broses doddi (Archaeoleg Cambria)
Morthwyl cerrig a ddefnyddir i fwyngloddio mwyn yn yr Oes Efydd. Mae'r darn 10c yn rhoi syniad o'i faint (G.Levins)
Excavation of a lead smelting heart at Borth. The yellow soil is at the base of the hearth which is covered with waste material from the smelting process (Cambria Archaeology)
A stone hammer used for mining ore in the Bronze Age. The 10p coin is for scale (G.Levins)

Mynachod y Mwyngloddiau

Yn ystod y canol oesoedd, roedd yr Abaty Sistersaidd yn Ystrad Fflur (a sefydlwyd ym 1164) yn berchen ar diroedd helaeth rhwng Mynyddoedd Cambria a Bae Ceredigion, gan gynnwys mwyngloddiau Cwmystwyth a oedd yn gyforiog o fwyn plwm. Awgryma'r cloddio yn yr abaty i'r mynachod hwythau reoli cynnyrch y plwm yr oedd ei angen i adeiladu ffenestri, to a gwaith plymio'r abaty.

Y dystiolaeth gyntaf o fwyngloddio metel yng Ngheredigion yw prydles mwyngloddio gan yr Abad Richard Talley o Ystrad Fflur wedi ei ddyddio ym 1535. Tua'r adeg hon, disgrifiodd John Leyland, hynafiaethwr Harri VIII, weithfeydd mwyngloddio'r abaty yng Nghwmystwyth yn ei 'Itinerary in Wales':

Mining Monks

In the medieval period, the Cistercian Abbey at Strata Florida (established in 1164) owned extensive lands between the Cambrian Mountains and Cardigan Bay including the mines at Cwmystwyth that were rich in lead ore. Excavations at the abbey suggest that the monks may themselves have managed production of the lead needed to construct the monastery windows, roof and plumbing.

The first written evidence of metal mining in Ceredigion, is a mining lease from Abbot Richard Talley of Strata Florida dated to 1535. At about this time, John Leyland, King Henry VIII's antiquary, described the abbey's mine workings at Cwmystwyth in his itinerary in Wales:

'About the middle of this Ystwith valley that I Ride in, being as I guess three miles in length, I saw on the right hand of the hill side Cloth Moyne, where hath been great digging for Leade, the smelting whereof hath destroid the woodes that sometimes grew plentifully thereabout.'

Yr Helfa Arian

Ym 1568 roedd angen cyllid ar y Frenhines Elisabeth 1 i ariannu rhyfel â Sbaen, a rhoes brawf yn y llysoedd ar hawl Coron Lloegr i'r holl waddodion mwyn ag arian neu aur ynddynt (Achos y Mwyngloddiau).

Cadarnhawyd yr hawl a rhoddwyd rheolaeth ar fwyngloddio metel gwerthfawr ar ran y Goron i ddau gwmni: Cymdeithas y Mwyngloddiau Brenhinol (Society of Mines Royal) a Chymdeithas y Gweithfeydd Mwynau a Batri (Company of Mineral and Battery Works).

The Search for Silver

In 1568 Queen Elizabeth 1, who needed revenue to finance war against Spain, tested in court the right of the English Crown to all mineral deposits bearing silver or gold (The Case of Mines).

The claim was upheld and two companies: the Society of Mines Royal and the Company of Mineral and Battery Works, were given control of precious metal mining on behalf of the Crown.

The Case of Mines

'In respect of the excellency of the thing, for of all things which the soil within this realm produces or yields, gold and silver is the most excellent; and of all persons in the realm the King is in the eye of the law the most excellent. And the common law, which is founded upon reason, appropriates every thing to the persons whom it best suits, as common and trivial things to the common people, things of more worth to persons in a higher and superior class, and things most excellent to those persons who excel all other; and because gold and silver are the most excellent things which the soil contains, the law has appointed them (as in reason it ought) to the person who is most excellent, and this is the king'.

(Plowden 310)

Mae'r darn hanner coron hwn a fathwyd yn Aberystwyth yn cynnwys bathodyn tair pluen estrys Tywysog Cymru, ac arwydd Bushell o lyfr agored ar ben y darn (Amgueddfa Ceredigion, Aberystwyth)
This half crown coin minted at Aberystwyth bears the three ostrich feathers badge of the Prince of Wales, and Bushell's sign of an open book at the top of the coin (Ceredigion Museum, Aberystwyth)

Prydleswyd hawliau'r Mines Royal ar gyfer Cymru, Cernyw a Dyfnaint i Thomas 'cwsmer' Smythe ym 1583. Darganfuwyd mwynau arian cyfoethog yng Ngheredigion ychydig cyn ei farwolaeth ym 1591. Ym 1617 cymerodd Syr Hugh Middelton brydles y Mines Royal. Er iddo wneud llawer i ddatblygu'r mwyngloddiau ond cymaint fu cost ei fentrau eraill fel na elwodd lawer yn bersonol.

Yn sgîl marwolaeth Middleton ym 1631, trosglwyddwyd y brydles i Thomas Bushell. Gwnaeth lawer i wella'r mwyngloddiau a chafodd yr hawl i sefydlu bathdy yng Nghastell Aberystwyth gan Siarl I ym 1637. Yn ystod y Rhyfel Cartref ymosodwyd ar y castell gan luoedd Cromwell a symudwyd y bathdy o Aberystwyth, yn gyntaf i'r Amwythig, yna i Rydychen, ac yn olaf i Fryste.

Wrth i'r mwyngloddiau ffynnu, cynyddu wnaeth dicter tirfeddianwyr lleol. Ni chawsant unrhyw elw o'r mwyngloddiau ar eu tir, ond gwelsant 'eu ffensiau wedi eu torri, sbwriel wedi ei ollwng ar eu tir, adeiladu heolydd ar ei draws, datgyfeirio nentydd i fwydo'r pympiau cyntefig, a hyd yn oed orfodi tenantiaid i gludo deunyddiau neu i lafurio ar ôl cael cipolwg ar warant frenhinol yn llaw rhyw ddieithryn'. Ceisiasant atal y mentrau mwyngloddio trwy fandaleiddio offer, atal dŵr ac amharu ar gyflenwadau tanwydd, a chynnal ymrafaelion ac achosion llys dros flynyddoedd lawer.

The Mines Royal rights for Wales, Cornwall and Devon, were leased to Thomas 'customer' Smythe in 1583. Rich silver ores were discovered in Ceredigion shortly before his death in 1591. In 1617 Sir Hugh Middelton took over the Mines Royal lease. Although he did much to develop the mines, the expense of his other enterprises meant he benefited little himself.

Following Middleton's death in 1631, the lease was passed to Thomas Bushell. He did much to improve the mines and was permitted to establish a mint at Aberystwyth castle by Charles 1 in 1637. During the Civil War the castle was attacked by Cromwellian troops and the mint was moved from Aberystwyth, firstly to Shrewsbury, then Oxford, and finally to Bristol.

While the mines became successful, local landowners became increasingly angry. They received no benefit from the mines on their land, but saw 'their fences broken down, spoil dumped on the land, roads made across it, streams diverted to drive the primitive pumps, and even tenants impressed to cart materials or to labour at the flash of a royal warrant in some stranger's hand'. They tried to sabotage the mining enterprises by vandalising equipment, stopping water and hampering fuel supplies, carrying out feuds and law suits for many years.

Sir Hugh Middleton
'a man of great wealthe and ability'
Fe'i ganed yn Sir Ddinbych a daeth yn eurych a mentrwr yn Llundain. Roedd yn gyfaill i Syr Walter Raleigh. Tua 1609 sefydlodd y New River Company i wella'r cyflenwad d?r i Lundain. Ym 1617 derbyniodd brydles y Mines Royal ar gyfer Ceredigion gan Iago 1 a datblygodd a gwella llawer o fwyngloddiau.

Sir Hugh Middleton
'A man of great wealthe and ability' was born in Denbighshire and became a goldsmith and entrepreneur in London. He was a friend of Sir Walter Raleigh. In about 1609 he established the New River Company to provide London with an improved water supply. In 1617 he was awarded the Mines Royal lease for Ceredigion by James 1 and developed and improved several mines.

Thomas Bushell Roedd hwn yn fentrwr mwyngloddio lliwgar a fu unwaith yng ngwasanaeth Syr Francis Bacon. Torrodd Bushell geuffyrdd yn y mwyngloddiau i wella draenio, ac mae'n bosibl mai efe gyflwynodd ffrwydro â phowdwr gwn i fwyngloddiau Cymru. Cafodd yr hawl i sefydlu bathdy yng nghastell Aberystwyth gan Siarl I ym 1637 a chefnogodd y brenin yn ariannol yn ystod y Rhyfel Cartref. Ildiodd Bushell yn y pen draw i luoedd y Senedd ar Ynys Wair ym 1648 a threulio rhan helaeth o weddill ei fywyd yn y carchar am ddyledion neu am osgoi ei echwynwyr. Bu farw ym 1674.

Thomas Bushell was a flamboyant mining entrepreneur once in the service of Sir Francis Bacon. Bushell cut adits at the mines to improve drainage and may have introduced blasting with gunpowder to the Welsh mines. He was permitted to establish a mint at Aberystwyth castle by Charles 1 in 1637 and supported the king financially during the Civil War. Bushell eventually surrendered to Parliamentary forces on the Island of Lundy in 1648 and spent much of his later life imprisoned for debt or avoiding his creditors. He died in 1674.

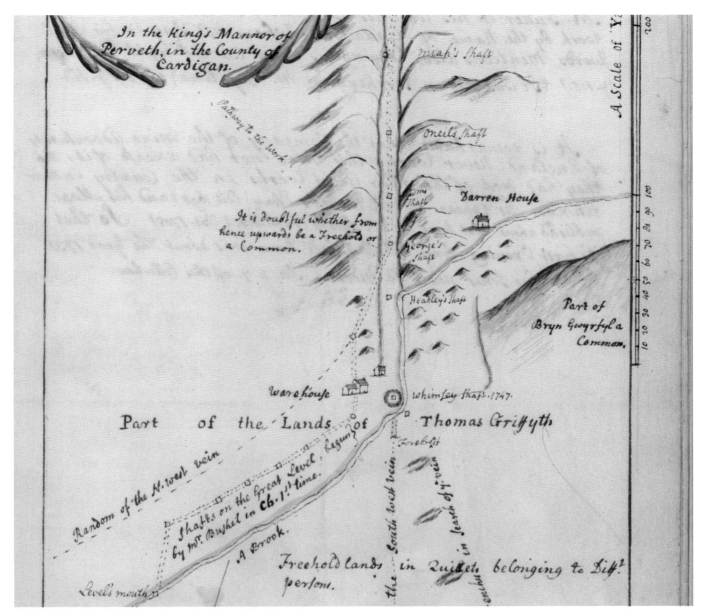

In the King's Mannor of Perveth, in the County of Cardigan.

Pathway to the Work

It is doubtful whether from hence upwards be a Freehold or a Common.

nisah's Shaft

Oneils shaft

...m shaft

Darren House

George's Shaft

Headley's Shaft

Part of Bryn Gwyrfyl a Common.

A Scale of Ya...

warehouse

whimsey shaft. 1747.

Part of the Lands of Thomas Griffyth

Random of the N. west vein

Shafts on the Great Level, begun by Mr. Bushel in Ch. 1st time

Forebreast

Levels mouth

A Brook

Freehold lands in Quillets belonging to Diff.t persons.

the South West vein ...nth in search of y. vein

Manylyn o gynllun y Darren Fawr gan Lewis Morris, gan ddangos nodweddion y mwynglawdd a manylion perchnogaeth y tir (Trwy ganiatâd LlGC)

A detail from a plan of Darren Fawr by Lewis Morris, showing features of the mine and details of land ownwership (By permission of NLW)

Anturiaethwyr Mwyngloddio

Wedi'r Rhyfel Cartref, dechreuodd Syr Carberry Pryse, perchennog Ystad Gogerddan, ymgyrch seneddol i newid y gyfraith er mwyn caniatáu i dirfeddianwyr elwa o adnoddau eu tiroedd. Diddymwyd monopoli'r Mines Royal o'r diwedd ym 1693. Yn anffodus ni chafodd Carberry Pryse flasu ffrwyth ei ymdrechion am iddo farw flwyddyn yn ddiweddarach, ond llwyddiant y gweithredu hwn a roes gychwyn ar archwilio a mentro preifat nid yn unig yng Nghymru ond ar hyd a lled y DU.

Dechreuodd teuluoedd ystadau Ceredigion (Prysiaid Gogerddan, Powelliaid Nanteos, a'r Arglwyddi Lisburne) wneud

Mining Adventurers

After the Civil War, Sir Carberry Pryse, owner of the Gogerddan Estate, began a campaign at parliament for a change in the law to allow landowners to benefit from the resources on their land. The Mines Royal monopoly was eventually broken in 1693. Sadly Carberry Pryse never benefitted from his efforts for he died a year later but it was the success of this action that led the way for private speculation and entrepreneurs not only in Wales but throughout the UK.

Ceredigion's estate owning families (the Pryses of Gogerddan, the Powells of Nanteos, and the Lords Lisburne)

elw mawr trwy godi tâl hawlfraint uchel ar bob tunnell o fwyn a gloddiwyd ar eu tiroedd.

Wrth i'r mwynau a gloddiwyd a'r elw wella, ffrwydrodd anghydfod unwaith yn rhagor rhwng y Goron a thirfeddianwyr lleol yngl?n â phwy a oedd yn berchen ar fwyngloddiau ar dir comin. Ym 1744 comisiynodd y Goron Lewis Morris (archwiliwr tir, bardd ac ysgolhaig o Ynys Môn) i archwilio mwyngloddiau Ceredigion er mwyn helpu i benderfynu ar berchnogaeth.

Daeth Morris yn rhan o anghydfod tir â thirfeddianwyr lleol dros Esgair-y-mwyn. Ym mis Chwefror 1753, arweiniodd yr Arglwydd Lisburne a'r Parch. Ddr William Powell lu arfog i'r mwynglawdd. Carcharwyd Morris ganddynt yng Ngharchar Aberteifi. Parhaodd yr anghydfod tan 1756 pan brydleswyd y mwynglawdd gan y goron.

began to make large fortunes by demanding high royalty charges on every ton of ore raised from mines on their land.

As ore yields and profits improved, disputes between the Crown and local landowners over the ownership of mines on common land flared up again. In 1744 the Crown commissioned Lewis Morris (a land surveyor, poet and scholar from Anglesey) to survey the mines in Ceredigion in order to help determine ownership.

Morris became involved in a land dispute with local estate owners over Esgair-y-mwyn. February 1753, Lord Lisburne and the Rev. Dr William Powell led an armed mob to the mine. They took Morris prisoner to Cardigan Gaol. The dispute rumbled on until 1756 when the mine was leased by the crown.

Twyll Ariannol

Financial Scullduggery

'Many a good mine has been lost to its promoters by extravagant and useless expenditure of their capital, and many a company has been formed simply to work ground for the benefit of unprincipled adventurers who live upon the losses of others.' **(The Mining Journal, February 4th 1871)**

Daeth William Waller (rheolwr Syr Carberry Pryse) a Syr Humphrey Mackworth (mentrwr gweithfeydd glo a thoddi metel cyfoethog o Gastell-nedd) at ei gilydd i ffurfio Cwmni'r Anturiaethwyr Mwyngloddio (Company of Mine Adventurers). Ymddengys fod

William Waller (Sir Carberry Pryse's manager) and Sir Humphrey Mackworth (a wealthy Neath based coal mining, and metal smelting entrepreneur) together formed the Company of Mine Adventurers. The financial activities of the company appear to

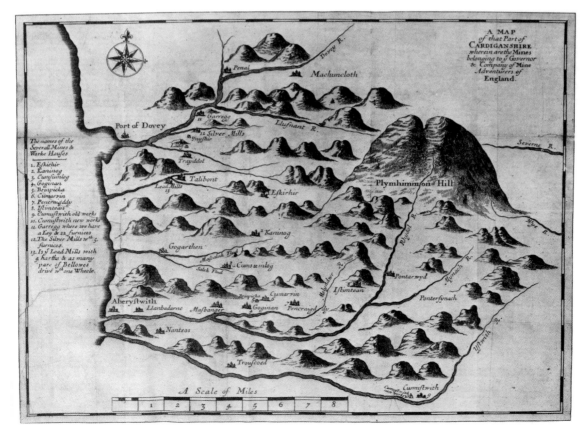

Map o ran o Geredigion ym 1689 sy'n dangos eiddo'r Anturiaethwyr Mwyngloddio (Trwy ganiatâd LlGC)

A 1698 map of part of Ceredigion showing the Mine Adventurers Holdings (By permission of NLW)

gweithgareddau ariannol y cwmni braidd yn amheus gan i ymholiad seneddol ym 1710 ddatgan fod y cwmni 'unable to meet its commitments to either creditors or shareholders'.

Cyhuddwyd Waller o gamymddwyn a'i ddiswyddo. Datgelodd yntau yn ei dro fod gweithredoedd ariannol Mackworth yn 'ridiculous in the contrivance, ignorantly began, foully carried on and scandalously ended in a labyrinth of fraud and infinite variety of sly, base designs'.

Nid eithriad mo ymddygiad amheus Cwmni'r Anturiaethwyr Mwyngloddio o bell ffordd. Amcangyfrifwyd cynhyrchaeth posibl mwyngloddiau yn llawer uwch na'r gwir. 'Heuwyd' samplau mwyn i wneud iddynt ymddangos yn gyfoethocach, ac ailwerthwyd rhai mwyngloddiau methedig nifer o weithiau dan wahanol enwau. Agorwyd mwyngloddiau i'w gwerthu, heb lawer o obaith o waddodion mwyn gwerth chweil o dan y ddaear.

Troeon yr Yrfa

Bu nifer o ffactorau ynghlwm â llwyddiant neu fethiant diwydiant mwyngloddio metel Ceredigion gydol ei hanes. Methodd rhai mentrau cyn eu hamser yn sgîl rheolaeth wael a diffyg buddsoddi hirdymor. Yn ogystal, creodd cyfnewidiau byd-eang ym mhris metelau, digwyddiadau gwleidyddol a rhyfeloedd, gyfnodau o 'ffynnu a chwalu'. Fodd bynnag, daeth marchnadoedd a chyfleoedd newydd hefyd. Cynyddodd y galw am blwm wrth i'r chwyldro diwydiannol fynd yn ei flaen, a daeth yn fwy gwerthfawr na'r arian a oedd ynddo.

Cafwyd dau gyfnod mwyaf llewyrchus mwyngloddio Ceredigion o ddechrau hyd ganol y 1700au, pan ddarganfuwyd mwynau cyfoethog o arian, ac yna o'r 1830au i'r 1880au pan gynyddodd gwerth plwm.

Ar ddiwedd y 1800au wrth i gostau mwyngloddio fel cyflogau a chludiant garlamu ac i fuddsoddiadau annoeth roi elw gwael, datblygodd y diwydiant yng Ngheredigion wythiennau dyfnach a oedd yn cynnwys llai o waddodion mwyn. Roedd modd i welliannau mecanyddol ac effeithiolrwydd wrthbwyso ffactorau o'r fath am ychydig, ond dechreuodd diwydiant mwyngloddio Ceredigion ddirywio wrth iddi fynd yn anos cystadlu â ffynonellau rhatach. Caniataodd y cynydd mewn galw am sinc i rai mwyngloddiau barhau, ond erbyn 1900 roedd mwyafrif y mwyngloddiau wedi cau. Methodd y Rhyfel Byd Cyntaf ag adfer y diwydiant ac erbyn y 1920au mewnforiwyd y rhan fwyaf o sinc o Awstralia ac UDA am bris llawer is nag a godwyd gan gynhyrchwyr Cymru, gan ddod â mwyngloddio i ben yng Ngheredigion.

O'r 1840au i'r 1880au pan oedd bron i 200 o fwyngloddiau'n cynhyrchu plwm ac arian yn y rhanbarth, cynhyrchodd Ceredigion rhwng 6 a 10% o gynnyrch plwm y DU (sef rhwng 6,000 a bron i 10,000 tunnell o fwyn y flwyddyn), a oedd yn debyg i gynnyrch rhanbarthau mwyngloddio eraill Prydain. 1856 oedd blwyddyn orau'r cynhyrchu gyda 8,560 o dunelli o fwyn plwm yn rhoi 38,751 o ownsys o arian. Daeth sinc yn bwysig am gyfnod byr gyda Cheredigion yn cynhyrchu 18% o gyfanswm cynnyrch y DU ym 1903.

have been somewhat dubious since a parliamentary enquiry in 1710 described the company as 'unable to meet its commitments to either creditors or shareholders'.

Waller was accused of misconduct and dismissed. He, in turn, exposed Mackworth's financial activities as 'ridiculous in the contrivance, ignorantly began, foully carried on and scandalously ended in a labyrinth of fraud and infinite variety of sly, base designs'.

The sharp practices of the Company of Mine Adventurers were by no means unique. The potential productivity of mines was vastly over estimated. Ore samples were 'seeded' to make them appear richer, and some failed mines were resold many times under different names. Mine buildings were constructed for sale, with little prospect of there being any worthwhile ore deposits below ground.

Fluctuating Fortunes

Throughout its history, many factors influenced the success and failure of the Ceredigion metal mining industry. Bad management and lack of long-term investment caused some enterprises to fail prematurely. In addition, fluctuating global metal prices, political events and wars, created periods of 'boom and bust'. However, new markets and opportunities also arose. There was an increased demand for lead as the industrial revolution progressed, making it more profitable than the silver it contained.

The two main boom periods in Ceredigion's mining fortunes were from the early to mid 1700s, when ores rich in silver were discovered, then from the 1830s to the 1880s when the value of lead increased.

In the late 1800s as mining costs such as wages and transport escalated and ill advised investment yielded poor returns, the mining industry in Ceredigion exploited deeper veins containing less ore deposits. For a while, advances in mechanization and efficiency offset such factors, but the mining industry in Ceredigion began to decline as it became more difficult to compete with cheaper sources. An increase in demand for zinc, kept some mines afloat, but by 1900 most mines had closed. World War 1 failed to revive the industry and by the 1920s most zinc was being imported from Australia and the USA at prices that undercut the Welsh producers, and brought mining in Ceredigion to an end.

From the 1840s to the 1880s when almost 200 mines produced lead and silver in the region, Ceredigion produced between 6 and 10 % of UK lead production (from 6,000 to nearly 10,000 tons of ore per annum), similar to quantities from other lead mining regions in Britain. 1856 was the year of maximum output with 8,560 tons of lead ore yielding 38,751 oz of silver. Zinc became important for a short while with Ceredigion producing 18% of total UK output in 1903.

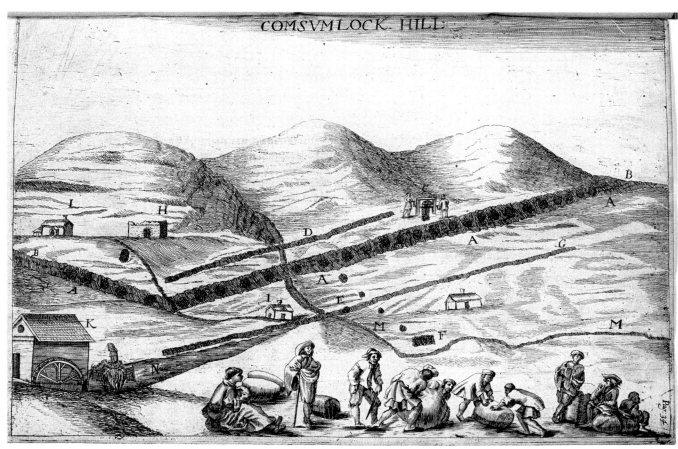

Bryn Cwmsymlog ym 1670 o'r 'Fodinae Regales' gan Syr John Pettus yn dangos toriad agored (Trwy ganiatâd LlGC)

Cwmsymlog Hill in 1670 From 'Fodinae Regales' by Sir John Pettus showing an open cut (By permission of NLW)

TECHNOLEG MWYNGLODDIO

Archwilio

Nid yw archwilio mwyn yn wyddoniaeth bendant. Ers talwm defnyddiai mwynwyr arwyddion amlwg ym myd natur, fel gwahaniaethau yn nhyfiant planhigion o ganlyniad i bresenoldeb mwynau metelaidd. Defnyddiwyd dulliau esoteraidd fel ffyn dewino hefyd; ffyn o goed cyll i ddarganfod arian, ffawydd coch ar gyfer plwm neu dun, ac ynn ar gyfer copr a haearn. Yn ddelfrydol dylid torri'r pren cyn y wawr wrth i'r lleuad fynd ar ei chynnydd, ar ddydd Gŵyl Fair!

Credai'r mwynwyr yn ogystal fod modd darganfod mwynau gyda chymorth 'cnocwyr' neu ysbrydion tanddaearol tebyg i'r 'pisgi' yng Nghernyw a'r 'coblyn' yn Iwerddon. Ysgrifennodd Lewis Morgan tua 1744:

MINING TECHNOLOGY

Prospection

Ore prospecting is not an exact science. In early times miners used tell-tale signs in nature, such as differences in plant growth caused by the presence of metallic ores. Esoteric methods such as divining rods were also used: hazel rods for divining silver, pitch pine for lead or tin, and ash for copper and iron. Ideally the wood was cut before sunrise on a waxing moon, on the annunciation day of the Virgin Mary!

Miners also believed that ore could be discovered with the assistance of 'knockers' or underground spirits similar to the Cornish 'piskie' or the Irish 'leprechaun'. Lewis Morgan wrote in around 1744:

'our knockers... have a language which we don't as yet thoroughly understand, but as we understand dumb men by motions, tho' we hope to come to it by and by: we only know they are our very good friends, and have actually discover'd us hidden treasures....

(Llythyrau ychwanegol Morisiaid Môn, 1735-86 cyf Hugh Owen 1947/Additional letters of the Morrises of Anglesey, 1735-86, ed. Hugh Owen 1947)

A bod yn dechnegol gywir, deilliai'r synau a glywyd dan ddaear ac a briodolwyd i'r 'cnocwyr' o bwysau a ryddhawyd yn y graig ar ôl tynnu'r mwyn. Fodd bynnag cyfrifwyd y 'cnocwyr' yn gyfeillion i'r mwynwyr a gadawyd bwyd a diod ar eu cyfer gan rai i gynyddu'r posibilrwydd o ddarganfod llawer o fwynau.

Wrth gwrs, defnyddiwyd dulliau mwy ymarferol hefyd. Defnyddiai 'hisio', (dull a ddefnyddiwyd yn wreiddiol gan y Rhufeiniaid, ond a ddefnyddiwyd ymhell i'r 19eg ganrif) genllifau o ddŵr a ryddhawyd o argaeau uwchben bryn, i ddinoethi'r pridd a dangos y creigiau oddi tano a oedd yn cynnwys mwynau. ore bearing rocks beneath.

Echdynnu

Cloddiai'r mwynwyr cynnar ffosydd agored a elwid yn 'doriadau-agored' ar hyd gwythiennau mwyn a oedd yn brigo i wyneb y tir. Torrwyd y graig trwy 'gynnau tân'. Disgrifiodd Lewis Morris yr hen broses:

Technically, the sounds heard underground and attributed to the 'knockers' were caused by stresses released in the rock once the ore was removed. However, the 'knockers' were the miners' friends being left food and drink by some to increase the chances of good ore finds.

Of course, more practical methods were also employed. 'hushing', (a method originally employed by the Romans, but used well into the 19th century) used torrents of water released from dams built above a hillside, to strip away soil to expose the ore bearing rocks beneath.

Extraction

Early miners dug open trenches known as open-cuts along ore seams that were exposed on the land surface. The rock was broken up by 'fire setting'. Lewis Morris described the old process:

'They made a great fire of wood in the bottom of their rakes, which were always open on that account, and when the rock was sufficiently hot they cast water upon it, which shiver'd it, and then with stone wedges, which they drove in with other stones, they work'd their way through the hardest rocks, tho' but slowly'.

(LIGC Ll 603E, t.40/NLW MS 603E, P40)

Pan ddarganfuwyd gwythiennau dyfnach, aeth y mwyngloddio dan ddaear. Cloddiwyd siafftiau unionsyth at y wythïen. Yna torrwyd 'lefelau' ar hyd y wythïen. Defnyddiwyd driliau llaw, lletemau a morthwylion i gloddio mwyn o ochrau'r lefel, gan ffurfio siambrau a elwid yn 'bonciau'. Roedd rhai o'r rhain yn gymaint â 40 troedfedd o led a 100 troedfedd o uchder. Casglwyd mwyn mewn wagenni a'i gludo i'r wyneb mewn bwcedi a elwid yn 'giblau' gydag offer weindio ('chwimsi').

Wrth i'r mwyngloddiau fynd yn ddyfnach, daeth draenio ac awyru'n broblem. Torrwyd siafftiau mynediad llorweddol ('mynedfeydd') o dan y 'lefel' i ddraenio'r dŵr. Gydag amser, datblygwyd technoleg a dulliau newydd. Gyrrwyd pympiau gan yr olwynion dŵr enfawr (a grym ager yn ddiweddarach) i godi'r dŵr ac awyru. Ar ôl tua'r 1690au, dechreuwyd defnyddio ffrwydriadau er bod cost y powdwr yn golygu y byddai llawer o fwyngloddiau bychain yn dal i ddefnyddio'r "hen" dechnoleg am flynyddoedd lawer.

As deeper ore seams or 'lodes' were discovered, mining progressed underground. Vertical shafts were dug down to the 'lode'. Then 'levels' were dug along the seam. Hand drills, wedges and hammers were used to dig ore from the sides of the level, forming chambers called 'stopes', some as large as 40 foot wide and 100 foot high. Ore was collected in wagons and raised to the surface in buckets known as 'kibbles', with winding gear ('whims').

As mines got deeper, drainage and ventilation became a problem. Horizontal access shafts ('adits') were cut below the 'level' to drain away water. With time, new technology and methods were developed. Pumps driven by the huge water wheels (and later steam power) were used to raise water and for ventilation. From around the 1690s, the use of explosives was introduced although the cost of powder meant many small mines continued to use the "old" technology for many years.

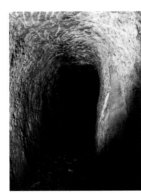
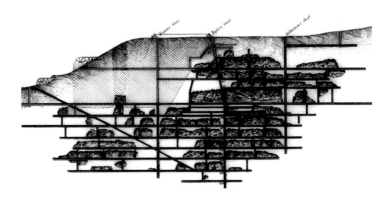

Mae modd gweld olion offer ar furiau'r twnnel (G. Levins)
Cynllun o Fwynglawdd Goginan yn dangos siafftiau, lefelau, mynedfeydd a phonciau
Tool marks can be seen on the walls of this tunnel (G. Levins)
A plan of Goginan Mine showing shafts, levels, adits and stopes

'The rocks at Cwmystwyth are of great height, and I saw the miners there suspended in ropes blasting down the rocks with gunpowder, and a number of busy hands breaking the compounded stone and ore small, in order to separate the ore by washing and dressing.'

(B.H. Malkin 1807 - The Scenery, Antiquities and Biography of South Wales)

Gweddillion cerwyn yn Amgueddfa Fwyngloddio Llywernog (G. Levins)
Pydewau llysnafedd Bryndyfi (G. Levins)
The remains of a buddle at Llywernog Mining Museum (G. Levins)
Slime pits at Bryndyfi mine (G. Levins)

Paratoi'r Mwyn

Cyn toddi'r mwyn, rhaid oedd tynnu ymaith y deunyddiau gwastraff. Roedd y broses yn cynnwys lleihau'r mwyn yn drefnus yn ddarnau manach a manach, gan ddefnyddio d?r i olchi ymaith y deunydd gwastraff diangen bob tro. Byddai hwn yn ffurfio tomenni sbwriel neu 'sorod'.

Y cam cyntaf oedd 'gwisgo' y mwyn er mwyn symud y graig ddiangen ('rwbel'). Gwaith llaw oedd hyn yn wreiddiol ('cobio'), ond wrth i'r diwydiant ddatblygu, cyflwynwyd melinau taro wedi eu gyrru, peiriannau hollti cerrig neu falwyr rholer (a elwid yn 'foch' oherwydd eu chwant am fwyn).

Purwyd y mwyn ymhellach trwy ei wahanu mewn 'jigeri'. Rhidyllau mawr oedd y rhain, ac roedd modd eu trochi a'u cyffroi mewn tybiau o ddŵr. Yna malwyd y mwyn cyn faned â thywod mewn 'melin daro' a'i rostio i symud y sylffwr a'r arsenig. Wedyn lleihawyd y mwyn yn 'llysnafedd' a'i olchi mewn pyllau crwn bas a elwid yn 'gerwyni', lle cludai brwshys a oedd yn cylchdroi unrhyw wastraff ymaith, tra byddai mwynau metelaidd trymach yn dod i orffwys ar y gwaelod. Casglwyd deunyddiau gwastraff o'r cerwyni yn y pen draw mewn 'pydewau llysnafedd' petryal.

Datblygwyd technegau i wella effeithiolrwydd paratoi mwynau yn barhaus. Erbyn 1900, defnyddiwyd cymaint â 19 o brosesau i gynyddu tynnu mwynau i'r eithaf, a phob un ohonynt yn fecanyddol ac yn digwydd o dan yr un to yn y 'felin wisgo'.

Ore Preparation

Before the ore could be smelted, waste materials had to be removed. The process involved systematically reducing the ore into finer and finer particles, using water to wash away the unwanted waste material at each stage, which built up into spoil heaps or 'tailings'.

In the first stage, the ore was 'dressed' to remove the unwanted rock ('gangue'). This was originally done by hand ('cobbing'), but as the industry developed, powered stamp-mills, stone-breaking machines or roller crushers (called 'pigs' because of their appetite for ore) were introduced.

The dressed ore was further purified by separation in 'jiggers'. These were large sieves that could be immersed and agitated in tubs of water. The ore was then crushed to a sand consistency in a 'stamp mill' and roasted to remove sulphur and arsenic. Next the ore was reduced to a 'slime' and washed in shallow circular pits called 'buddles', where rotating brushes carried away waste, whilst the heavier metallic ores settled at the base. Waste material from the buddles was finally collected in rectangular 'slime pits'.

Techniques to improve the efficiency of ore preparation were constantly being developed. By 1900, as many as 19 processes were used to maximise ore extraction, all mechanised and carried out under one roof in the 'dressing mill'.

Description of crushing, washing and dressing ore at the Gorn mine. A girl of 15, breaking ore, was neatly dressed in a blue frock, spotted pinafore, yellow cape and blue cloth bonnet. She earned 5d a day. All were single women whom I saw working the jiggers. They were dressed, some in linsey-woolsey garments, of a cut peculiar to the country with straw hats, others in cotton gowns and bonnets. All of large stature and masculine frame. They all wore wooden shoes.

(Ginswick, J., (1983) Labour and the Poor in England and Wales: Letters to Morning Chronicle, 1849-1851, t./p. 223-224)

Ynni, Ffrydiau a Chronfeydd

O'r 300 o fwyngloddiau a mwy y gwyddys amdanynt yn
rhanbarth Ceredigion mae a wnelo'r rhan fwyaf o olion ar yr
wyneb â phŵer dŵr, sef technoleg y dydd ac addas iawn ar
gyfer amodau gwlyb a lleoliadau anghysbell Ceredigion.
Roedd angen cyflenwadau enfawr o ddŵr ar systemau a oedd
yn cael eu gyrru gan ddŵr a'i gasglu mewn cronfeydd enfawr. Er
mwyn darparu digon o ynni ar gyfer y nifer cynyddol o
weithgareddau mwyngloddio, adeiladwyd rhwydwaith helaeth
o ffrydiau wedi eu saernïo'n dda (sianeli dŵr), a oedd weithiau'n
filltiroedd lawer o hyd, i ddargyfeirio dŵr tuag at y
mwyngloddiau. Roedd Ffrwd Taylor, o Lyn Conach i Gwmerfyn,
yn 19 o filltiroedd o hyd ac yn darparu 10 mwynglawdd a 50 o
olwynion dŵr.
Sianelwyd y dŵr o'r ffrydiau i'r olwynion dŵr mewn cafnau pren
a alwyd yn 'landerau'. Roedd olwynion dŵr yn amrywio o ran eu
maint, gyda rhai yn 50 o droedfeddi ar draws. Er mwyn
manteisio i'r eithaf ar ddisgyrchiant, lleolwyd y gweithfeydd
prosesu mwyn yn aml ar lethrau'r bryn, ac amrywiol gamau
paratoi'r mwynau'n digwydd ar wahanol lefelau islaw'r llethrau.
Gallai'r mwynglawdd ei hun fod gryn bellter oddi yno. Mae rhai
mwyngloddiau'n nodedig am fod yn gyfan gwbl ar dir gwastad
gyda ffrydiau a landerau'n bwydo olwynion anarferol o fawr i
roi'r ynni angenrheidiol. Trosglwyddwyd ynni yn ogystal o'r
olwynion dŵr i ddyfeisiau eraill dros bellteroedd sylweddol gan
ddefnyddio system o 'rodenni fflat' metelaidd, cysylltiedig.
Oherwydd y gost o gludo tanwydd, roedd ynni ager yn ddrud,
felly parhaodd pŵer dŵr i fod yn brif ffynhonnell ynni'r rhan
fwyaf o fwyngloddiau ucheldir Ceredigion. Eithriadau oedd y
Fron-goch, Llancynfelin ac yn arbennig Cwmsymlog, lle saif
simnai peiriant ager hyd heddiw, golygfa drawiadol ac
anarferol.

This photograph of Wemyss Mine shows the ore processing plant and spoil
heaps stepping down the hillside
An 'overshot' waterwheel at Llwernog Mining Museum (G. Levins)
The Chimney at Cwmsymlog (G. Levins)

Power, Leats and Reservoirs

Of over 300 mines known in the Ceredigion region most surface
remains relate to water-power, the technology of the day and
very suitable to the wet conditions and remote locations in
Ceredigion.

Water powered systems needed enormous quantities of
water, collected in giant reservoirs. To provide enough power for
the increasing number of mining operations, an extensive
network of well-engineered leats (water channels), some many
miles long, were constructed to divert water to the mines.
Taylor's Leat, from Llyn Conach to Cwmerfin, was 19 miles long
and supplied 10 mines and 50 water wheels.

Water was channelled from the leats to the waterwheels in
wooden troughs called 'launders'. Waterwheels varied in size,
with some in excess of 50 ft in diameter. To make best use of
gravity, the ore processing plants were often located on hillsides,
with the various stages of ore preparation occurring at different
levels down the slope. The mine itself could be some distance
away. Some mines are notable for being totally on flat ground
with leats and launders feeding oversized wheels to give the
required power. Energy was also transferred from the
waterwheels to other devices over considerable distances using
systems of linked, metal 'flat rods'.

Because of the cost of transporting fuel, steam power was
expensive, so water-power remained the main source of energy
for most mines in the Ceredigion uplands. Exceptions were
Frongoch, Llancynfelin and notably Cwmsymlog, where a steam
engine chimney still stands today, a striking and unusual sight.

Toddi

Mae toddi mwynau i ryddhau'r metelau yn cynnwys rhostio haenau o danwydd a mwynau, gan ddefnyddio carreg galch fel toddydd. Defnyddiai technegau cynnar awel naturiol a thanwydd prysglwyni, neu ffwrneisiau megin gyda thanwydd golosg. Ond erbyn y 17eg ganrif yng Ngheredigion cafwyd dulliau newydd yn defnyddio meginau wedi eu gyrru gan ddŵr a choed wedi eu sychu mewn odyn.

I ryddhau'r arian a oedd ynddo, aildwymwyd plwm mewn proses a alwyd yn Giwpeliad. Rhannwyd arian tawdd oddi wrth y plwm a'i gasglu mewn llestri bychain a wnaed o ludw esgyrn, a fyddai'n sugno llawer o'r amhuredd.

I ddechrau, gwnaed y toddi yn y mwyngloddiau, neu mewn gweithfeydd toddi cymunedol yn y Garreg a Thalybont, ond, wrth i goed a mawn i gyflenwi'r gweithfeydd toddi fynd yn brinnach ac yn ddrutach, codi a wnaeth cost y toddi. O 1678 (pan, yn sgîl datblygiadau technolegol, roedd modd defnyddio glo fel tanwydd toddi), roedd yn rhatach i gludo'r mwyn i'r meysydd glo i'w doddi, nag i gludo'r glo i Geredigion. Erbyn 1710 roedd y rhan fwyaf o weithfeydd toddi Ceredigion wedi cau.

Smelting

Smelting ore to release the metals involves roasting layers of fuel and ore, using limestone as a flux. Early techniques used natural draught with brushwood fuel, or bellows-blown furnaces fuelled by charcoal. But by the 17th century new methods using water-powered bellows and kiln-dried wood were in use in Ceredigion.

To release the silver it contained, lead was re-heated in a process called Cupellation. Molten silver was separated from the lead and collected in a small dishes made of bone ash, which absorbed any impurities.

At first, smelting was carried out at the mines, or at communal smelteries at Garreg and Talybont, but, as wood and peat to fuel the smelteries became increasingly scarce and expensive, the cost of smelting rose. From 1678 (when advances in technology enabled coal to be used as fuel for smelting), it became cheaper to transport the ore to the coal fields for smelting, than to transport coal to Ceredigion. By 1710 almost all the smelteries in Ceredigion had closed.

Manylyn o'r 'Gweithfeydd Rhufeinig' (Darren) o'r 'Fodinae Regales' gan Sir John Pettus tua 1670, yn dangos mwyn yn cael ei lwytho ar gefn ceffyl pwn (Trwy ganiatâd LLGC)
A detail from 'The Roman Works' (Darren) from 'Fodinae Regales' by Sir John Pettus circa 1670, showing ore being loaded onto a pack horse (By permission of NLW)

'Yr Hope' yn harbwr Aberystwyth lle llwythwyd mwyn i'w gludo i dde Cymru (Amgueddfa Ceredigion, Aberystwyth)
'The Hope' in Aberystwyth harbour from where ore was shipped to south Wales (Ceredigion Museum, Aberystwyth)

Cludiant

Cludwyd y mwyn ar gefn ceffylau pwn i ddechrau. Yn sgîl gwella'r ffyrdd gan yr Ymddiriedolaethau Tyrpeg roedd modd ei gludo gan geffyl a chart, ond oherwydd tollau uchel y ffyrdd Tyrpeg, roedd hi'n rhatach i gludo'r mwyn i dde Cymru ar y môr, o'r Garreg ac Aberystwyth.

Cwblhawyd rheilffyrdd a oedd yn cysylltu Aberystwyth â'r Amwythig ac Abertawe yn y 1860au, ond cludwyd y rhan fwyaf o'r mwyn ar y môr o hyd. Cwblhawyd rheilffyrdd cul fel Rheilffordd Dyffryn Rheidol a thramffordd yr Hafan, a fwriadwyd yn wreiddiol i gludo mwynau, yn rhy hwyr i fod o ddefnydd i'r diwydiant cyn ei ddiflaniad.

Transport

Ore was first transported by packhorse. Road improvements by the Turnpike Trusts enabled transport by horse and cart, but the high cost of the tolls on Turnpike roads made it cheaper to transport the ore to south Wales by sea, from Garreg and Aberystwyth.

Railways linking Aberystwyth with Shrewsbury and Swansea, were completed in the 1860s, but most ore was still sent by sea. Narrow gauge railways such as the Vale of Rheidol Railway and the Hafan tramway, which were originally intended to transport ore, were completed too late to be of use to the industry before its demise.

Mwynwyr Glogfawr gyda Chapten R.R. Nantgarw (chwith) Tua 1910 (S. Hughes) *Glogfawr miners with Captain R.R.Nantgarw (left) Circa 1910 (S. Hughes)*

CYMUNEDAU MWYNGLODDIO

MINING COMMUNITIES

Cyn sefydlu'r diwydiant mwyngloddio metel, roedd poblogaeth ucheldir Ceredigion yn wasgaredig a'i economi yn amaethyddol. Roedd mwyngloddio yn ffurf gynnar ar arallgyfeirio, ond er bod cyflog mwynwyr yn dda, tua dwywaith yr hyn a enillai gweithwyr amaethyddol, dewisai pobl leol yn aml beidio â gweithio yn y mwyngloddiau. Esgorodd datblygiad y diwydiant ar gyfleoedd gwaith a busnes eraill yn ogystal gan ddarparu nwyddau a gwasanaethau i'r mwyngloddiau a'r mwynwyr.

Wrth i'r diwydiant dyfu, recriwtiwyd Capteiniaid Mwynglawdd o'r tu allan oherwydd eu harbenigedd gan fentrwyr busnes, a denwyd gweithwyr o bob cwr o Gymru ac o ranbarthau mwyngloddiau eraill gan gynnwys Cernyw, Dyfnaint, a Swydd Derby, yr Eidal a'r Almaen gan argaeledd gwaith i rai â'r sgiliau priodol. Ym 1755 roedd cynifer o ieithoedd yn cael eu siarad yn Esgair-y-mwyn nes i Lewis Morris ei gymharu â Babel.

Before the metal mining industry became established, upland Ceredigion was a sparsely populated region with an agricultural economy. Mining was an early form of diversification, but even though wages for mining were good, about twice as much as for agricultural labouring, local people often chose not to work at the mines. The developing industry also created other employment and business opportunities providing goods and services to the mines and miners.

As the industry grew, Mine Captains were recruited from outside by speculators for their expertise and the availability of work for those with skills, attracted workers from across Wales and from other mining regions including Cornwall, Devon, and Derbyshire, Italy and Germany. In 1755 so many languages were spoken at Esgairmwyn that Lewis Morris compared it to Babel.

Cryfhawyd hetiau ffelt mwynwyr haen o glai cryfhau eu hetiau (Amgueddfa Ceredigion, Aberystwyth)
Miners' felt hats were strengthened with a layer of clay (Ceredigion Museum, Aberystwyth)

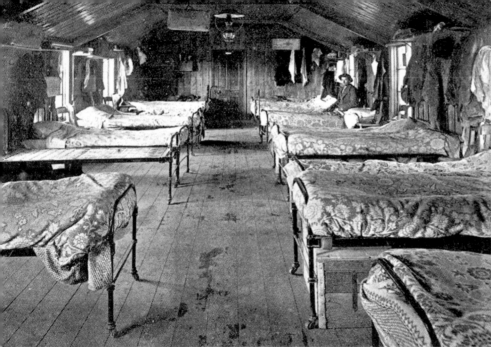

Barics mwynwyr tua 1900 (Trwy ganiatâd LLGC) **A miners barracks circa 1900 (By permission of NLW)**   *Teras o fythynnod Mwynwyr yn New Row*

Tai

Gyda'r mewnlifiad o deuluoedd mwyngloddio, tyfodd cymunedau a oedd yn bodoli eisoes, a datblygodd aneddiadau newydd fel Pont-rhyd-y-groes, Ysbyty Ystwyth, New Row, Tal-y-bont, Ponterwyd, Trisant, Goginan, Cwmystwyth, Cwmsymlog, Tre'r Ddôl, Ystumtuen a llawer i le arall y mae modd priodoli eu maint presennol i'r diwydiant mwyngloddio plwm. O ganlyniad i'r galw am dai cafwyd 'Tŷ Unnos', sef aneddiadau sgwatio a ddatblygodd ar dir comin gerllaw'r mwyngloddiau. Rhoddai traddodiad 'y Tŷ Unnos' yr hawl i breswylio mewn tŷ a godwyd mewn un nos gyda mwg yn dod trwy'r simnai erbyn iddi wawrio.

Crefydd

Roedd crefydd yn ganolbwynt cymunedol pwysig i'r cymunedau mwyngloddio newydd, ac adeiladodd pob un eu capeli a'u heglwysi. Roedd Methodistiaeth Galfinaidd eisoes wedi ennill ei phlwyf yng Ngheredigion, a chyflwynwyd Methodistiaeth Wesleaidd i gymunedau Goginan, Cwmsymlog, Ystumtuen a Chwmystwyth gan fwynwyr o Gernyw. Sefydlodd mwynwyr o'r Eidal ddwy eglwys Babyddol yn y Fron-goch.

Housing

With the influx of mining families, existing communities grew, and new settlements developed such as Pontrhydygroes, Ysbyty Ystwyth, New Row, Talybont, Ponterwyd, Trisant, Goginan, Cwmystwyth, Cwmsymlog, Tre'r Ddol, Ystumtuen and many others that owe their current size to the lead mining industry. The need for housing resulted in 'Ty Unnos' squatter settlements growing up on common land near mines. The 'Ty Unnos' tradition gave right of occupancy if a house could be constructed in one night, with smoke coming from the chimney by dawn.

Religion

Religion provided an important community focus for new mining settlements, and each built their own chapels or churches. Calvinistic Methodism was already widespread in Ceredigion, and Cornish miners introduced Wesleyan Methodism to the communities of Goginan, Cwmsymlog, Ystumtuen and Cwmystwyth. Italian immigrants established two Roman Catholic churches at Frongoch.

Anhediad wasgaredig 'Tŷ Unnos',
Capel Cwmsymlog (G. Levins)
Scattered 'Ty Unnos' settlement,
Cwmsymlog Chapel (G. Levins)

A terrace of Miners cottages at New Row

Gweithwyr Mwynglawdd Temple tua 1890 (S. Hughes) *Workers from Temple Mine circa 1890 (S. Hughes)*

BYWYD GWAITH

WORKING LIFE

Ym 1803, ysgrifennodd Benjemin Malkin am ymweliad â Chwmystwyth:

'the dingy and unsightly piles of dros and sifted refuse, with the squalid garb and savage manners of the male and female miners are beyond belief'

In 1803, Benjemin Malkin wrote of a visit to Cwmystwyth:

Prin oedd y mwyngloddiau a ddarparai lety i'w gweithwyr, ond mewn rhai mwyngloddiau anghysbell, roedd modd i weithwyr aros mewn barics yn ystod yr wythnos, gan ddychwelyd adref ar y penwythnos. Roedd gan bob mwynwr swydd arbenigol a gadwai gydol ei gyflogaeth. Gweithient mewn timau bychain a elwid yn 'barau' ac a gynhwysai amrywiol gyfuniadau o swyddi yn ôl lle y gweithient yn y mwynglawdd. Byddai tîm drilio'n cynnwys dau 'yrrwr' gyda morthwylion, 'siglwr' a droesai ddril, 'tramwr' di-grefft a fyddai'n dal golau, neu'n oeri'r gweithwyr â dŵr. Yn aml cyflogwyd teuluoedd cyfain. Cloddiai dynion a chodi'r mwyn, tra byddai gwragedd a phlant yn ei brosesu. Gelwid goruchwyliwr dan ddaear yn 'gapten', tra gelwid goruchwyliwr ar ben y ddaear yn 'gapten gwair'.

'Taro bargen'

Roedd 'bargen' yn gontract lle byddai mwynwyr, ar ôl cytuno i weithio am swm penodedig y dunnell, yn derbyn cyflog ymgynhaliol nes iddynt gwblhau'r gwaith. Yna talwyd y gwahaniaeth yn y cyflog, hyd at werth y mwyn a gafwyd. Os, ar y llaw arall, roedd y cyflog ymgynhaliol yn uwch na gwerth y mwyn a gafwyd, roedd yn rhaid i'r mwynwr weithio'n ddi-dâl nes clirio'r ddyled. O dorchi llewys roedd hi'n bosibl ennill cyflogau da yn y modd hwn.

Few mines provided housing for their workers, but at remote mines, miners might stay in barracks during the week, returning home at the weekends. Each miner had a specialised role that they kept throughout their employment. They worked in small teams called 'pares' consisting of various job combinations depending on where in the mine they worked. A drilling team would comprise two 'drivers' with hammers, a 'shaker' who twisted the drill, and an unskilled 'trammer' that would hold lights, or cool the miners with water. Often whole families were employed. Men mined and raised the ore, while women and children processed it. A supervisor underground was called a 'captain', while a supervisor above ground was known as a 'grass captain'.

'Bargain setting'

A 'bargain' was a contract where miners, having agreed to work for a fixed price a ton, were paid subsistence wages until the work was finished. The wage difference was then paid, up to the value of the ore yielded. If, however, the subsistence paid was greater than the value of the ore yielded, the miner had to work unpaid until the debt was settled. With hard work, good wages could be earned this way.

> 'So wet and windie and so ruinous that no workman was able to contynue at his worke three howrse in the dai for the abundance of water that sett upon them: for the great winde that wasted their light. And ffor the ymynent danger of lowse rocks near the workes that were readie to fall upon them. And they had upon other before'.
>
> (Charles Evans, tua 1585, o S. Hughes - The Darren Mines, 1990 /Charles Evans, circa 1585, in S. Hughes - The Darren Mines, 1990)

Iechyd

Roedd mwyngloddio'n waith peryglus. Digwyddai damweiniau yn aml, a llawer ohonynt yn angheuol. Yn aml roedd awyru gwael yn y mwyngloddiau a chafwyd llawer o achosion o'r diciâu, colera a theiffoid. Arweiniodd anadlu llwch cerrig at glefyd yr ysgyfaint, sef 'y Belen' fel y'i gelwid. Cafwyd problemau iechyd yn sgîl gwenwyno dŵr â phlwm. Archwiliodd Comisiwn Kinnaird 1863 amodau gwaith mwynwyr, gan arwain at basio Deddf Rheoliadau Mwyngloddiau Meteliferaidd ym 1872. Meddai tyst i'r comisiwn 'by the age of 40, a miner is not worth a snap of the fingers'.

Amserau Caled

Newidiodd gwaith a chyflogau yn ôl llwyddiant neu fethiant y mentrau. Pan gwympodd pris mwyn plwm, gallai tirfeddianwyr ostwng y rhent a'r hawlfraint er mwyn i fwynglawdd barhau i weithredu. Gallai mwynwyr di-waith gael caniatâd i weithio mwyngloddiau ar eu liwt eu hunain, neu ailweithio'r tomenni sbwriel am blwm a sinc a daflwyd ymaith, ond yn gwerthu'r mwyn i'r tirfeddiannwr am hanner pris y farchnad.

Pan aeth y diwydiant ar i lawr, diboblogwyd cymunedau mwyngloddio Ceredigion wrth i fwynwyr a'u teuluoedd ymadael i weithio ym meysydd glo de Cymru a thramor. Yn yr ardaloedd glofaol, roedd mwynwyr plwm yn uchel eu parch am eu sgiliau mwyngloddio craig galed.

Ym 1870 roedd tua 10,000 o bobl yn ymwneud â mwyngloddio yng Ngheredigion. Tua dau ddwsin yn unig oedd yno ganrif yn ddiweddarach.

Barics mwynglawdd tua 1901 (S. Hughes)
A mine barrack circa 1901 (S. Hughes)

Capten Robert Northey a mwynwyr yn Nant yr Arian 1882 (Trwy ganiatâd LLGC)
Captain Robert Northen and Miners at Nant yr Arian 1882 (By permission of NLW)

Health

Mining was a dangerous profession. Accidents were frequent and often fatal. Ventilation in mines was often poor and there was a high incidence of TB, Cholera and Typhoid. Inhaled stone dust was the cause of a lung disease known as 'y Belen' (the ball). Poisoning from lead in water also caused health problems. The 1863 Kinnaird Commission examined miners working conditions, resulting in the passing of the Metalliferous Mines Regulations Act in 1872. A witness to the commission stated that 'by the age of 40, a miner is not worth a snap of the fingers'.

Hard Times

Employment and wages at the mines fluctuated with the success or failure of the enterprises. When lead ore prices fell, landowners might reduce rents or royalties to keep a mine running. Unemployed miners might be given permission to work mines on their own, or to re-work the spoil tips for discarded lead and zinc, but selling the ore to the landowner for half the market price.

When the industry declined, the Ceredigion mining communities became depopulated as miners and their families left to work in the south Wales coal fields or abroad. In the coal mining regions, lead miners were well respected for their hard rock mining skills.

In 1870 there were about 10,000 people engaged in mining in Ceredigion. One hundred years later there were perhaps two dozen.

EIN TREFTADAETH MWYNGLODDIO METEL HEDDIW

OUR METAL MINING HERITAGE TODAY

Er iddo ddod i ben erbyn hyn, mae'r diwydiant mwyngloddio plwm wedi gadael ei ôl yn drwm ar Geredigion. Rhoes buddiannau mwyngloddio sbardun i ddatblygu cysylltiadau trafnidiaeth ar y ffyrdd, y rheilffyrdd a'r môr. Arweiniodd cynigion o ddyngarwch gan dirfeddianwyr, dynion busnes a wnaeth eu ffortiwn eu hunain, a gweithgarwch cymunedol, at adeiladu llawer o adeiladau cain yn y rhanbarth i ddarparu ar gyfer buddiannau crefyddol, addysgiadol a lles y mwynwyr a'u teuluoedd. Codwyd tai moethus ar gefn y cyfoeth enfawr a enillodd tirfeddianwyr a dynion busnes trwy'r mwyngloddio, a datblygwyd harbwr Aberystwyth fel y'i hadwaenir heddiw i fanteisio ar y cyfleoedd diwydiannol.

Gwaith mwyngloddio oedd canolbwynt llawer o gymunedau dros nifer o genedlaethau, ac er bod yr adeg pan oedd mwyngloddio yn ei anterth wedi mynd i ebargofiant, mae enwau lleoedd, straeon, caneuon ac atgofion, yn benodol i'r dreftadaeth fwyngloddio, yn dal i fodoli.

Although now ceased, the lead mining industry has had a profound effect on Ceredigion. Mining interests encouraged the development of transport links by road, rail and sea. Philanthropic gestures by landowners, self-made businessmen, and through community action, resulted in the construction of many fine buildings in the region to provide the religious, educational and welfare needs of the miners and their families. Grand houses were built with the huge wealth amassed from mining by landowners and businessmen, and the harbour at Aberystwyth was developed as we know it today to benefit from industrial opportunities.

Mining work was the focus for many communities over several generations, and although the heyday of mining has passed from living memory, placenames, stories, songs and memoirs, specific to the mining heritage of the area still survive.

Olion Uwchben y Ddaear

Above Ground Remains

Mae mwyngloddiau sy'n gynhenid glwm â daeareg yr ucheldir, a'u lleoliad yn arwydd o leoliad y gwaddodion mwyn dan y ddaear. Mae

Mines are inherently linked with the geology of the uplands, their locations indicating the course of the mineral deposits

creithiau hisio, pyllau archwilio a siaftiau mwyngloddio yn dyst i ymdrechion y mwynwyr wrth iddynt geisio gwythiennau mwyn a chwilio amdanynt ar draws y tirlun. Mae ffyrdd, tramffyrdd a ffrydiau, yn cysylltu'r mwyngloddiau â'r aneddiadau, gan nodi lledaeniad a datblygiad diwydiant.

Aeth rhai mwyngloddiau'n ganolbwynt i'r anheddiad. Ym Mhont-rhyd-y-groes er enghraifft, gellir gweld terasau o fythynnod mwynwyr, tafarndai, siopau a chapeli, fel mewn llawer o bentrefi. Mae'r adeiladau hyn yn dangos effaith y diwydiant mwyngloddio ar boblogaeth, economi ac isadeiledd yr ardal a bywyd cymdeithasol a diwylliannol ei phobl.

Mae'r mwyngloddiau'n dadfeilio o dan fieri erbyn hyn, ond gellir dysgu llawer o'r safleoedd hyn. Mae pob mwynglawdd yn wahanol, gan adlewyrchu ei leoliad a'i hanes penodol. Helaethwyd mwyngloddiau yn aml neu eu haddasu i gynnwys technoleg newydd, ac mae amrywiaeth yr adeiladau a'r ffurfiau ar safle, yn tystio i'r dechnoleg a ddefnyddiwyd a maint neu lwyddiant y mwynglawdd. Dylid cofio y gallai hyd yn oed yr olion lleiaf uwchben y ddaear gael milltiroedd lawer o dwneli a gweithfeydd dan y ddaear.

Mae'r lluniau canlynol yn dangos rhai o'r nodweddion sy'n goroesi mewn safleoedd mwyngloddio ac yn rhoi syniad o'r dechnoleg a'r prosesau a ddefnyddiwyd

below ground. Hushing scars, prospection pits and mine shafts are testament to the efforts of the miners as they sought ore seams and chased them across the landscape. Roads, tramways and leats link the mines and settlements, marking the spread and development of the industry.

Some mines became the focus for settlement. In Pontrhydygroes for example, terraces of miner's cottages, pubs, shops and chapels can be seen as they can in many villages. These buildings demonstrate the impact of the metal mining industry on the population, economy and infrastructure of the region and the social and cultural life of its people.

The mines are now ruinous and overgrown, but much can still be learnt from these sites. Each mine is different, reflecting their specific location and history. Mines were often enlarged or altered to incorporate new technologies, and the range of buildings and structures at a site provide evidence of the technologies employed and the scale or success of a mine. It should be remembered that even the slightest above ground remains might have many miles of tunnels and workings below ground.

The following photographs illustrate some of the features that survive at mine sites and give clues to the technology and processes that were employed.

O'r pen i'r gwaelod yn null cloc: Y gwaith malu mwyn yng Ngwaith Coch, wedi'i drefnu ar wahanol lefelau ar lethr y bryn. Mae maint y gwastraff a daflwyd yn egluro'r broses o baratoi mwyn, o dalpiau mawr ar ben y safle i laid tenau ar y gwaelod. Tomenni sbwriel o wastraff prosesu mwyn. Adfeilion swyddfeydd mwyngloddio yn Esgair Hir. Cronfa ar gyfer cadw dŵr gynt. 'Pwll olwyn'. 'Rhodenni fflat' i drosglwyddo ynni o olwynion dŵr i beiriannau arall. Pyllau cerwyn. (G. Levins)

Clockwise from top left: The ore crushing plant at Gwaith Goch, arranged at different levels down the hill slope. The size of the discarded waste particles illustrates the ore preparation process, from large lumps at the top of a site to fine sludge at the bottom. A 'wheel-pit'. Ruined mine offices at Esgair Hir. A former reservoir for storing water. Flat rods' for transferring energy from water-wheels to other machinery. Buddle pits. (G. Levins)

Yn y mwyngloddiau mae'r offer, y peirianwaith a thystiolaeth o fywyd pob dydd yn goroesi (G. Levins)
Within the mines tools, machinery and evidence of daily life survives (G. Levins)

Dan y Ddaear

Gall mynedfeydd siafftiau mwyngloddio, lefelau a cheuffyrdd arwain at rwydwaith helaeth o dwneli mwyngloddio tanddaearol. Fel yr olion ar wyneb y ddaear, dengys y byd tanddaearol hwn gofnod ffisegol o'r modd y datblygodd mwyngloddiau yn ystod eu hoes. Mae ffurf a gwead muriau'r twneli, ac olion offer amlwg, yn rhoi syniad o'r adeg y'u codwyd a sut: trwy danio, drilio a ffrwydro, neu trwy ddefnyddio offer llaw. Mae ffurf a chynllun y twneli'n adlewyrchu'r modd y defnyddiwyd gwahanol leoedd yn y mwynglawdd a sut y goresgynnwyd problemau y daeth mwynwyr ar eu traws, fel draenio a chyflenwad aer.

Gall offer ac eitemau eraill sydd wedi eu symud o'r adeiladau mwyngloddio uwchben y ddaear, aros heb eu cyffwrdd yn y twneli mwyngloddio y mae'n amhosibl mynd atynt. Gall offer ar gyfer codi mwyn i'r wyneb, llusernau, rhawiau a whilberi pren gael eu cadw gan yr amodau llaith dan ddaear. Gall manylion o'r fath roi argraff i ni o batrymau byw a gweithio mwynwyr dan ddaear.

Gall gweithfeydd tanddaearol fod yn beryglus dros ben hyd yn oed i archwilwyr tanddaearol profiadol. Ni ddylai neb sy'n ddibrofiad fentro i fwynglawdd sydd wedi ei adael, ac ni ddylid byth wneud hynny chwaith heb ganiatâd y tirfeddiannwr.

Below Ground

The entrances to mine shafts, levels and adits can lead to extensive networks of underground mining tunnels. As with the remains above ground, this below-ground world provides a physical record of how mines developed throughout their lifetime. The shape and texture of tunnel walls, and distinctive tool marks provide clues to how and when they were created: by fire-setting, drilling and blasting, and the use of hand tools. The form and layout of the tunnels reflects how different spaces within the mine were used and how problems encountered by the miners, such as drainage and air supply, were overcome.

Equipment and other artefacts that have over the years been removed from the mine buildings above ground, can lie undisturbed in the inaccessible mine tunnels. Equipment for raising ore to the surface, lamps, shovels and wooden wheelbarrows can be preserved by the wet conditions below ground. Such details can give us an impression of the daily life and working routines of miners underground.

Underground workings can be extremely dangerous even for the most experienced underground explorers. Abandoned mines should not be entered by the inexperienced and should never be entered without the landowners permission.

Gwaith atgyfnerthu Ystrad Einon (G. Levins)
Gwaith cadwraeth yn digwydd ar Simnai Cwmsymlog (S. Hughes)
Consolidation work at Ystrad Einon (G. Levins)
Conservation work being undertaken on Cwmsymlog Chimney (S. Hughes)

GWERTHFAWROGI TREFTADAETH MWYNGLODDIO CEREDIGION

Mae'r olion sy'n goroesi o fwyngloddio hanesyddol Ceredigion yn rhan bwysig o dreftadaeth mwyngloddio unigryw Cymru. Mae safleoedd unigol o bwysigrwydd cenedlaethol, a gyda'i gilydd, mae iddynt arwyddocâd rhyngwladol.

Mae tomenni sbwriel, adeileddau ac adeiladau yn aml yn fwy bregus nag y maent yn ymddangos, ac yn adnodd sy'n prysur ddiflannu y mae angen gweithredu yn awr i'w hamddiffyn, er mwyn i genedlaethau'r dyfodol eu darganfod a'u dathlu. Mae'r olion ffisegol yn adrodd stori unigryw prin nad oes cofnod ohoni fel arall, ac a allai gael ei cholli yn y pen draw.

Mae'n bosibl ystyried bod safleoedd mwyngloddio'n beryglus a diolwg, ac maent o'r herwydd yn agored i amrywiaeth o fygythiadau a phwysau gan ddatblygwyr. Rhaid ystyried eu diogelu yn wyneb ystyriaethau eraill fel defnydd y tir, diogelwch, llygredd a chadwraeth natur. Mae'r gwahanol fuddiannau hyn yn anodd eu rheoli, ond nid oes gwrthdaro rhyngddynt o reidrwydd. Mae nifer o safleoedd mwyngloddio wedi dadfeilio i lefel sefydlog. Mae rheolaeth gydymdeimladol o safleoedd o'r fath yn hanfodol, gan y gallai amharu arnynt roi cychwyn ar broses o broblemau cadwraeth ac amgylchedd o'r newydd.

Mae mwyngloddio hefyd yn goroesi yn nhraddodiadau ac atgofion pobl sy'n byw a gweithio yng Ngheredigion heddiw. Mae'n bwysig cofnodi'r wybodaeth hon sy'n goroesi a pharhau â'r gwaith cadwraethol, yr ymchwil archaeolegol a hanesyddol a wneir gan sefydliadau fel Grŵp Ymchwil y Mwyngloddiau Cynnar, Ymddiriedolaeth Diogelu Mwyngloddiau Cymru a Chymdeithas Mwyngloddiau Cymru.

VALUING CEREDIGION'S MINING HERITAGE

The surviving remains of Ceredigion's historic mining are an important part of Wales' unique mining heritage. Individual sites are of national importance and collectively are of international significance.

Spoil tips, structures and buildings are often more vulnerable than they appear and are a fast disappearing resource that needs protection now, for future generations to discover and celebrate. The physical remains tell a unique story that is otherwise seldom recorded, and may ultimately be lost.

Mine sites can be seen as hazardous and unsightly and are consequently vulnerable to a variety of threats and pressures from development. Their preservation has to be weighed up against other considerations such as land-use, safety, pollution and wildlife conservation. These different interests can be difficult to manage, but need not conflict. Many mine sites have decayed to a level of stability. Sympathetic management of such sites is essential, since disturbance may set in motion a process of renewed conservation and environmental problems.

Mining heritage also survives in the traditions and memories of the people that live and work in Ceredigion today. It is important to record this surviving knowledge and to continue the conservation work, archaeological and historical research that is undertaken by organisations such as the Early Mines Research Group, the Welsh Mines Preservation Trust and the Welsh Mines Society.

Llygredd

Mae pobl ac anifeiliaid yn agored i'w llygru gan dd?r, pridd neu fwyd a dyfir ar dir sydd wedi ei lygru. Nid problem newydd mo hon. Ar ddechrau'r 19eg ganrif, cwynai tirfeddianwyr fod afonydd bron yn wag o bysgod, a bod gwartheg yn marw ar ôl yfed dŵr llygredig.

Mae modd trin llygredd â dulliau fel gwelyau cyrs neu systemau hidlo gweithredol. Mae'n rhaid i'r awdurdod lleol symud neu leihau'r perygl o lygredd i bobl, anifeiliaid a'r amgylchedd. Gallwch weld

dogfen Strategaeth Arolygu Tir Llygredig Cyngor Sir Ceredigion ar y wefan yn: www.ceredigion.gov.uk. Mae Asiantaeth yr Amgylchedd hefyd wedi cyhoeddi Strategaeth Mwyngloddiau Metel dros Gymru, sy'n rhestru'r 50 uchaf o safleoedd mwyngloddio o ran llygredd dŵr.

Cadwraeth Natur a Mwynau

Mae safleoedd mwyngloddio metel wedi eu gorchuddio â thyfiant yn darparu cynefinoedd pwysig i blanhigion a rhywogaethau anifeiliaid. Mae'r amodau llaith a chysgodlyd wrth geg mynedfeydd yn amodau delfrydol i'r rhedyn, gan gynnwys y dduegredynen fforchog brin, (Alsplenium septentrolne). Mae dŵr mwyngloddiau a thomenni sbwriel yn esgor ar amodau byw eithafol, ond hefyd ar ddiffyg cystadleuaeth gan rywogaethau sydd heb eu haddasu. O'r herwydd gall cymunedau anarferol o rywogaethau o blanhigion 'metalophyte' ddatblygu, gan gynnwys: Codywasg yr Alpau (Thalspi alpestre); Maeswellt Cyffredin (Agrostis capillans); Gludlys Arfor (Silene maritiana); Mwsogl Plwm (Ditrichum plumbicola) a chen feteloffydd.

Mae mynedfeydd a siafftiau mwyngloddio yn cynnig clwydi pwysig i amrywiol rywogaethau o ystlumod gan gynnwys Ystlumod Clustiog, Blewog, Brandtiaid, Nateriaid, Dawbertiaid, Pedol Llai a Phedol Fawr.

Diogelir nifer o safleoedd mwyngloddio gan ddeddf bywyd gwyllt a chefn gwlad fel SoDdGA (safleoedd o ddiddordeb gwyddonol arbennig). Mae modd diogelu'r safleoedd mwyngloddio hefyd trwy gynlluniau Amaeth-amgylchedd. Er mwyn gwybod mwy cysylltwch â CCGC (Cyngor Cefn Gwlad Cymru).

Gall safleoedd daearegol a mwynegol pwysig gael eu diogelu dan ddau ddynodiad gwahanol. Cyfeirir at Safleoedd Adolygu Cadwraeth Ddaearegol (GCRS) fel SoDgGA. Mae deg safle o'r fath ym maes mwynau Canolbarth Cymru. Dewiswyd Safleoedd Geoamrywiaeth o Bwysigrwydd Rhanbarthol (RIGS) am resymau addysgiadol, gwyddonol, esthetaidd a hanesyddol. Ni ddiogelir hwynt gan y gyfraith, ond maent yn dibynnu ar gael eu rheoli'n gydymdeimladol gan dirfeddianwyr a thenantiaid. Penodwyd 36 o safleoedd o'r fath ym maes mwynau Canolbarth Cymru. Er mwyn gwybod rhagor am gadwraeth ddaearegol, cysylltwch â Grŵp safleoedd RIGS Canolbarth Cymru.

Nature and Mineral Conservation

Overgrown metal mine sites provide important habitats for plant and animal species. The damp and shady conditions at the entrances to adits, provide ideal conditions for ferns, including the rare forked spleenwort (Alsplenium septentrolne). Mine-water and spoil tips provide extreme conditions for life, but also little competition from un-adapted species. This allows unusual communities of 'metalophyte' plant species to develop, including: Alpine pennycress (Thalspi alpestre); Common Bent Grass (Agrostis capillans); Sea Campion (Silene maritiana); Lead Moss (Ditrichum plumbicola) and Metallophyte lichens.

Adits and mineshafts also provide important roosts for a variety of bat species including Long Eared, Whiskered, Brandts, Natters, Dawbertons, Lesser Horseshoe and Greater Horseshoe bats.

Several mine sites are afforded statutory legal protection by the wildlife and countryside act as SSSIs (sites of special scientific interest). Positive conservation of mine sites may also be achieved through Agri-environment schemes. For more information contact CCW (Countryside Council For Wales).

Important geological and mineralogical sites can be protected under two different designations. Geological Conservation Review sites (GCRs) are notified as SSSIs. There are 10 such sites in the Central Wales orefield. Regionally important Geodiversity sites (RIGs) have been selected for educational, scientific, aesthetic or historical reasons. They are not protected by law, but rely on sympathetic management by landowners and tenants. 36 such sites have been designated in the Central Wales Orefield. For further information on geological conservation contact the Central Wales RIGS Group.

Pollution

Humans and animals can be exposed to contaminants through water, soil, or from food grown on contaminated land. This is not a new problem. In the early 19th century landowners complained that local rivers were almost barren of fish, and cattle died from drinking polluted water.
Pollution can be treated using methods such as reed beds and active filtration systems. The local authority is obliged to remove or reduce the risk of pollution to people, animals and the environment. Ceredigion County Council's Contaminated Land Inspection Strategy document is available on the web at: www.ceredigion.gov.uk. The Environment Agency Wales has also published a Metal Mine Strategy for Wales, listing their top 50 mine sites for water pollution.

Dŵr fferrus neu 'ocr' yn rhedeg i gwrs afon (Archaeoleg Cambria)
Ferrous minewater or 'ochre' running into a watercourse (Cambria Archaeology)

DIOGELU EIN TREFTADAETH MWYNGLODDIO

Mae'r enwebiadau a'r mesurau diogelu cenedlaethol isod yn cydnabod pwysigrwydd treftadaeth mwyngloddio Ceredigion.

Tirlun Cofrestredig o Ddiddordeb Hanesyddol Eithriadol yng Nghymru

Cynhwysir ucheldir Ceredigion yng Nghofrestr Tirluniau Cofrestredig o Ddiddordeb Hanesyddol Eithriadol yng Nghymru Cadw/CCGC/ICOMOS. Nod y gofrestr yw helpu i hybu mwy o ystyriaeth i'r tirlun hanesyddol wrth gynllunio, rheoli, diogelu, dehongli tirlun ac wrth fynd iddo a hamddena arno.

Ymgymerwyd â phrosiect 'nodweddion tirlun' ar gyfer ucheldir Ceredigion. Mae hwn yn disgrifio'r ardal trwy ei rhannu'n ddarnau penodol y mae eu helfennau yn cyfuno i nodweddu'r tirlun hanesyddol yn ei grynswth. Mae hyn yn ein helpu i adnabod agweddau ar ein hamgylchedd sy'n disgrifio ei gymeriad ac sydd angen eu gwerthfawrogi a'u cadw. Cewch weld nodweddion tirlun ucheldir Ceredigion ar wefan Archaeoleg Cambria (www.cambria.org.uk).

Henebion Cofrestredig

Diogelwyd llawer o fwyngloddiau Ceredigion fel henebion cofrestredig o bwysigrwydd cenedlaethol (SAMs). Mae ymgymryd ag unrhyw waith ar safleoedd o'r fath heb gymeradwyaeth henebion cofrestredig gan Lywodraeth Cynulliad Cymru yn erbyn y gyfraith. Cewch wybod mwy am SAMs a chyngor ar gymorth grant ar gyfer mesurau cadwraeth gan Cadw.

Adeiladau Rhestredig

Gellir diogelu adeiladau o arwyddocâd hanesyddol neu bensaernïol fel 'Adeiladau Rhestredig'. Lle argymhellir chwalu neu newid, rhaid cael cymeradwyaeth adeilad cofrestredig gan Cadw trwy Gyngor Sir Ceredigion. Er mai dyrnaid o adeiladau mwyngloddio yn unig a restrir, mae llawer o adeiladau sy'n gysylltiedig â mwyngloddio, fel y tŷ cyfrif ym Mhont-rhyd-y-groes a Chapel Tabernacl y Bedyddwyr yng Nghwmsymlog wedi eu diogelu. Cysyllter â Chyngor Sir Ceredigion a Cadw er mwyn gwybod mwy am restru.

Cynllunio

Caiff safleoedd mwyngloddio eu diogelu trwy'r broses gynllunio yn ogystal. Mae'n gyfrifoldeb ar yr awdurdod lleol i ystyried effaith datblygiad arfaethedig safle mwyngloddio ar olion hanesyddol. Gall yr Awdurdod ofyn am gofnod cywir o unrhyw olion y gellid eu colli. Gellir cael rhagor o wybodaeth am y broses gynllunio, cadwraeth ac olion hanesyddol gan Ymddiriedolaethau Archaeolegol Cymru a'r Awdurdod Lleol.

Cynlluniau Amaeth-amgylchedd

Gellir cael cymorth i ddiogelu safleoedd mwyngloddio hanesyddol trwy eu cynnwys mewn cynlluniau rheoli ffermydd ar gyfer cynlluniau amaeth-amgylchedd fel Tir Gofal a Thir Cynnal. Cewch gyngor am y cynlluniau hyn gan Adran Amaethyddol Llywodraeth Cynulliad Cymru ac Ymddiriedolaethau Archaeolegol Cymru.

Dewisiadau ymarferol er diogelu

Mae esgeulustod, fandaliaeth a gollwng sbwriel yn cyfrannu at ddirywiad graddol y safleoedd mwyngloddio. Bernir weithiau fod adeiladau sydd wedi syrthio a thomenni sbwriel yn ddiolwg a pheryglus, yn achosi llygredd neu'n llunio craidd caled. Hyd yn oed os yw'r bwriadau'n dda, gall ymyrryd â safleoedd o'r fath beri rhagor o niwed, cynyddu'r peryglon llygredd, ac effeithio'n enbyd ar eu gwerth archaeolegol a hanesyddol. Mae llawer o safleoedd yn sefydlog ar hyn o bryd a gwell gadael llonydd iddynt.

Ymhlith yr ystyriaethau cyffredinol wrth reoli safleoedd mwyngloddio gellid cynnwys: Rhoi'r gorau i drin y safle.

Osgoi isbriddo, torri cletiroedd, clirio cerrig neu weithrediadau draenio.

- Cynllunio lonydd cerbyd ymhell oddi wrth olion gweladwy neu rai sydd o bosibl yn guddiedig.
- Gosod ffensiau ymhell oddi wrth safleoedd lle bynnag y bo'n bosibl.
- Lleoli pyllau ymhell oddi wrth safleoedd.
- Peidio â phlannu coed ar safleoedd.
- Gall rheoli cydymdeimladol wneud adeiladau mwyngloddio'n ddiogel a sicrhau eu bod yn goroesi i'r dyfodol. Dylid ceisio cyngor arbenigol bob amser cyn mynd i'r afael ag unrhyw waith adfer

ar safleoedd mwyngloddio, ond gellir ystyried y dewisiadau canlynol:

- Symud y coed a'r tyfiant oddi ar waliau (atal aildyfu, ond gadael y gwreiddiau). Rheoli prysg trwy dorri at lefel y tir a'i drin â chwynladdwr.
- Symud y sbwriel sydd wedi ei ollwng, ond gadael y gwaith cerrig sydd wedi syrthio. Capio ac ailbwyntio waliau â mortar calch (gall sment achosi

difrod pellach).

- Gall llawer o adeiladau a oedd yn gysylltiedig â mwyngloddio gynnwys nodweddion sy'n esbonio'r defnydd a wnaed ohonynt gynt. Lle bynnag y bo modd, dylid cadw nodweddion gwreiddiol wrth addasu neu ailddefnyddio adeilad. Cysylltwch â'r Ymddiriedolaeth Archaeolegol leol os gwyddoch am safleoedd hanesyddol nad ydynt wedi eu cofrestru.

CANLLAWIAU ARFER GORAU
1. Ceisio gwybodaeth
2. Asesu pwysigrwydd safle
3. Asesu effaith y cynigion
4. Ystyried diogelu a chadwraeth
5. Monitro effeithiau'r gweithfeydd

PROTECTING OUR MINING HERITAGE

The following national designations and protective measures recognise the importance of Ceredigion's mining heritage.

Registered Landscape of Outstanding Historic Interest in Wales.
The upland Ceredigion landscape is included in the Cadw/CCW/ICOMOS Register of Landscapes of Outstanding Historic Interest in Wales. The register aims to encourage greater consideration of the historic landscape in landscape planning, management, conservation, interpretation, access and recreation.

A 'landscape characterisation' project has been undertaken for the Ceredigion uplands. This describes the region by breaking it down into distinct areas whose components combine to characterise the whole historic landscape. This helps us to recognise the aspects of our environment that define its character and that need to be valued and preserved. The landscape characterisation for upland Ceredigion is available on the Cambria Archaeology web site (www.cambria.org.uk).

Scheduled Ancient Monuments
Many mines in Ceredigion have been protected as scheduled monuments of national importance (SAMs). It is an offence to undertake any works on such sites without Scheduled Monument Consent from the Welsh Assembly Government. More information on SAMs and advice on grant support for conservation measures can be obtained from Cadw.

Listed Buildings
Buildings of historical or architectural significance can be protected as 'Listed Buildings'. Where demolition or alteration is proposed, listed building consent is required from Cadw through Ceredigion County Council. Although only a handful of mine buildings are listed, many buildings associated with mining, such as the counting house at Pontrhydygroes and the Tabernacle Baptist Chapel at Cwmsymlog are protected. Contact Ceredigion County Council and Cadw for further information on listing.

Planning
Mine sites are also protected through the planning process. The Local Planning Authority has a responsibility to consider the impact a proposed development of a mine site may have upon historic remains. The Authority can require a proper record to be made of any remains that will be lost. Further information on the planning process, conservation and historic remains can be obtained from the Welsh Archaeological Trusts and the Local Authority.

Agri-environment Schemes
Support to protect historic mine sites can be obtained by including them in farm management plans for agri-environment schemes such as Tir Gofal and Tir Cynnal. Advice on these schemes can be obtained from Welsh Assembly Government Agricultural Division and the Welsh Archaeological Trusts.

Practical options for protection

Neglect, vandalism and rubbish dumping, all perpetuate the gradual decay of mine sites. Collapsed buildings and spoil tips are sometimes seen as unsightly and dangerous, as a cause of pollution or a source of hard-core. However well intentioned, intervention at such sites can cause further damage, increase pollution risks, and severely affect their archaeological and historical value. Many sites are now relatively stable and are best left undisturbed.
General considerations for the management of mine sites might include:
• Take the site out of cultivation.
• Avoid sub-soiling, pan busting, stone clearing or drainage operations.
• Plan vehicle tracks away from visible or potentially buried remains.
• Place fences away from sites wherever possible.
• Site ponds away from sites.
• Do not plant trees on sites.
Sympathetic management can make mine structures safe and ensure their survival for the future. Specialist advice should always be obtained before undertaking any consolidation work on mine sites, but the following options could be considered:
• Remove trees and vegetation on walls (prevent re-growth, but leave roots).
• Control scrub by cutting at ground level and treating with herbicide.
• Remove dumped rubbish, but leave collapsed stonework.
• Cap and re-point walls using lime mortar (cement can cause further damage).
Many buildings associated with mining may contain features that explain their past use. Whenever possible, original features should be retained when a building is altered or re-used. Please contact your local Archaeological Trust if you know of archaeological or historic sites that have not been recorded.

A GUIDE TO BEST PRACTICE
1. Seek information
2. Evaluate the importance of a site
3. Assess the impact of the proposals
4. Consider protection and preservation
5. Monitor the effects of works

DIOGELWCH

Mae mwyngloddiau'n fannau peryglus dros ben a rhaid eu parchu. Ystyriwch: -

eich diogelwch: mae yna siafftiau dyfnion iawn; peidiwch byth â mynd i mewn i hen waith ar unrhyw adeg. Cadwch lygad barcud ar blant yn barhaus.

y tirfeddiannwr: mae pob safle mwynglawdd yn eiddo i rywun, ceisiwch ddod o hyd i berchennog y tir bob amser a gofyn caniatâd, mae'r rhan fwyaf o dirfeddianwyr yn frwd dros eu treftadaeth leol; os cerddwch tuag at fwynglawdd ar hyd llwybr cyhoeddus, byddwch yn ofalus i beidio â chrwydro'n rhy bell oddi wrtho.

yr amgylchedd: mae'r rhan fwyaf o safleoedd mwyngloddio yng Ngheredigion wedi bod yn segur ers canrif a mwy, mewn rhai achosion mae'r "fam ddaear" wedi dechrau iacháu'r clwyfau a adawyd gan flynyddoedd o weithgarwch mwyngloddio. Gwyliwch rhag amharu ar domenni, llystyfiant, waliau ac olion adeiladau. Yn anad dim, peidiwch â defnyddio safleoedd mwyngloddio fel tomenni sbwriel i hen geir, "offer gwyn", rwbel adeiladu a gwastraff arall, neu fel meysydd chwarae ar gyfer cerbydau oddi ar yr heol a beiciau modur.

Wrth barchu'r safleoedd hyn, gall pob un ohonom weithio gyda'n gilydd i ddiogelu etifeddiaeth mwyngloddio ryfeddol Ceredigion!

CÔD CEFN GWLAD

- Parchu
- Diogelu
- Mwynhau
- Byddwch yn Ddiogel – cynlluniwch ymlaen llaw a dilyn pob arwydd.
- Gadewch glwydi ac eiddo fel y'u cawsoch.
- Diogelwch blanhigion ac anifeiliaid, a mynd â'ch sbwriel adref.
- Cadwch reolaeth dynn ar gfhn.

Mae cymorth a chyngor wrth law

Gall tirfeddianwyr, cymunedau ac unigolion sydd â diddordeb mewn gwella cadwraeth a diogelu nodweddion sy'n gysylltiedig â mwyngloddio (neu unrhyw olion archaeolegol eraill!) gael cyfarwyddyd cyffredinol, a chyngor mwy arbenigol ynglŷn â rheoli safleoedd mwyngloddio metel hanesyddol oddi wrth amrywiaeth o ffynonellau, sydd wedi eu rhestru isod ynghyd â'u meysydd priodol.

Adran amgylchedd hanesyddol Llywodraeth Cynulliad Cymru yw Cadw ac mae'n gyfrifol am roi cyngor ynghylch henebion cofrestredig ac adeiladau rhestredig. Yn ogystal â chyngor technegol, mae grantiau ar gael at y gost o waith cadwraeth ymarferol a thrwsio.

Cadw
Plas Carew
Uned 5/7 Cefn Coed
Parc Nantgarw
Caerdydd CF15 7QQ
Ffôn 01443 33 6000
Ffacs 01443 33 6001
www.cadw.cymru.gov.uk

Cyngor Sir Ceredigion sy'n darparu cyngor ynghylch cymeradwyo adeiladau rhestredig a materion cadwraeth ehangach.
Neuadd y Dref,
Aberystwyth
Ceredigion SY23 2EB
Ffôn 01970 617911
www.ceredigion.gov.uk

Comisiwn Brenhinol Henebion Cymru sy'n gyfrifol am Gofnod Henebion Cenedlaethol (CHC) dros Gymru, sy'n cynnwys cofnodion y diwydiant mwyngloddio metel, ac fe'i ceir ar y we yn www.coflein.gov.uk . Neu cysylltwch â'r comisiwn yn: Adeilad y GoronPlas Crug Aberystwyth SY23 INJ Ffôn 01970 621200

Ffacs 01970 627701
www.rcahmw.org.uk

Ymddiriedolaeth Archaeolegol Dyfed (Archaeoleg Cambria) sy'n gyfrifol am y Cofnod Amgylchedd Hanesyddol rhanbarthol ac sy'n darparu cyngor archaeolegol eang trwy eu Hadran Rheoli Treftadaeth.
Neuadd y Sir
Stryd Caerfyrddin
Llandeilo
Sir Gaerfyrddin SA 19 6AF
Ffôn 01558 823 131
Ffacs 01558 823 133
www.cambria.org.uk

Ymddiriedolaeth Diogelu Mwyngloddiau Cymru, Cymdeithas Mwyngloddiau Cymru a'r Grŵp Ymchwil i Fwyngloddiau Cynnar, mae pob un o'r rhain yn gwneud gwaith ymchwil, gwaith maes, cadwraeth a gweithgareddau cymunedol yng Ngheredigion.

www.welshmines.org neu cysyllter â Secretary@welshmines.org Ffôn 01293-510567

Cyngor Cefn Gwlad Cymru ar gyfer cyngor ynghylch cadwraeth natur mewn safleoedd mwyngloddio.
Maes y Ffynnon
Ffordd Penrhos
Bangor LL57 2DW
Ffôn/ Tel 01248 385500
Ffacs/ Fax 01248 385511
www.ccw.gov.uk

Grwp RIGS Canolbarth Cymru
Mae grŵp RIGS (Safleoedd Geoamrywiaeth o Bwysigrwydd Rhanbarthol) yn hyrwyddo cadwraeth a defnydd cynaliadwy ar safleoedd daearegol yng Nghanolbarth Cymru. Cewch wybod rhagor gan: www.geologywales.co.uk/central-wales-rigs neu ffôn 01970 880217

SAFETY

Mine sites are very dangerous places and must be treated with respect:-

for your own safety, there are very deep shafts; never enter any old working at any time. Keep children under close supervision at all times.

for the landowner, every mine site is owned by somebody, always attempt to find who owns the land and ask permission, most landowners are keen on their local heritage; if you walk to a mine along a public footpath, take care not to stray too far from it.

for the environment, most mine sites in Ceredigion have lain undisturbed in excess of one hundred years, in some cases "mother nature" has started to heal the wounds inflicted by years of mining activity. Take care not to disturb tips, growing vegetation, walls and building remains. Above all please do not use mine sites as rubbish dumps for old cars, "white goods", building rubble and other refuse, or as playgrounds for off road vehicles and motor cycles.

THE COUNTRYSIDE CODE

*   **Respect**
*   **Protect**
*   **Enjoy**
*   **Be Safe - plan ahead and follow any signs.**
*   **Leave gates and property as you find them.**
*   **Protect plants and animals, and take your litter home.**
*   **Keep dogs under close control.**
*   **Consider other people.**

By treating these sites with respect, we can all work together to preserve Ceredigion's wonderful mining heritage!

Assistance and advice is at hand

Landowners, communities and individuals who are interested in improving the conservation and protection of mining related features (or any other archaeological remains!) can find general guidance, and more specialist advice on the management of historic metal mining sites from a variety of sources, listed below with their specific remits.

Cadw is the historic environment division of the Welsh Assembly Government and is responsible for advice on scheduled ancient monuments and listed buildings. As well as technical advice, grants are available towards the cost of practical conservation work and repair.

Cadw
Plas Carew
Unit 5/7 Cefn Coed
Parc Nantgarw
Cardiff CF15 7QQ

Tel 01443 33 6000
Fax 01443 33 6001
www.cadw.wales.gov.uk

Ceredigion County Council
provide advice on listed building consent and broader conservation issues.
Town Hall,
Aberystwyth
Ceredigion SY23 2EB
Tel 01970 617911
www.ceredigion.gov.uk

Royal Commission on the Ancient and Historical Monuments of Wales holds the National Monuments Record (NMR) for Wales, which includes records on the metal mining industry, and is available on-line at www.coflein.gov.uk.
Or contact the commission at:
Crown Building
Plas Crug
Aberystwyth SY23 INJ
Tel 01970 621200

Fax 01970 627701
www.rcahmw.org.uk

Dyfed Archaeological Trust (Cambria Archaeology)
maintains the regional Historic Environment Record and provides wide ranging archaeological advice through their Heritage Management Section.
The Shire Hall
Carmarthen Street
Llandeilo
Carmarthenshire SA 19 6AF
Tel 01558 823 131
Fax 01558 823 133
www.cambria.org.uk

The Welsh Mines Preservation Trust, Welsh Mines Society and the Early Mines Research Group, all undertake important research, fieldwork, conservation and community activities in Ceredigion.
www.welshmines.org or contact the

Secretary@welshmines.org
Tel 01293-510567

Countryside Council for Wales
For advice on nature conservation at metal mine sites.
Maes y Ffynnon
Fford Penrhos
Bangor LL57 2DW
Tel 01248 385500
Fax 01248 385511
www.ccw.gov.uk

The Central Wales RIGS group
The Central Wales RIGS group (Regionally Important Geodiversity Sites) promotes the conservation and sustainable use if geological sites in Central Wales. For further information can be obtained from:
www.geologywales.co.uk/central-wales-rigs or
tel 01970 880217

LLEOEDD I YMWELD Â NHW

Mae'r rhan fwyaf o safleoedd mwyngloddio ar dir preifat ac ni all y cyhoedd fynd atynt heb ganiatâd y tirfeddiannwr. Mae eraill yn rhy beryglus i ymweld â nhw ac felly ni ellir eu hargymell. Mae rhai safleoedd, serch hynny, yn hawdd mynd iddynt. Gellir gweld llawer yn aml o ochr y ffordd. Mae mapiau hanesyddol yn bwysig iawn wrth ymweld â safle am eu bod yn aml yn disgrifio safle mwyngloddio gyda llawer o fanylder. Ni ddylid archwilio dan y ddaear heb gymorth pobl brofiadol. Darllenwch y cyngor diogelwch ar gyfer ymweld â safleoedd mwyngloddio sydd wedi ei gynnwys ar ddiwedd y llyfryn hwn.

CWM RHEIDOL SN7105078900
Gallwch ddal trên ager rheilffordd gul Cwm Rheidol sy'n cysylltu Aberystwyth a Phontarfynach. Agorwyd y rheilffordd hon yn wreiddiol i wasanaethu mwyngloddiau plwm Cwm Rheidol ac mae modd gweld olion llawer o fwyngloddiau plwm ynddo.

CWMSYMLOG SN6981083740
Bu pentrefan a mwyngloddiau hanesyddol Cwmsymlog unwaith yn gyfoethog iawn wrth gynhyrchu arian. Yma y gwnaeth Syr Hugh Myddelton, Syr Humphrey Mackworth, Thomas Bushell a Chwmni'r Anturiaethwyr Mwyngloddio eu ffortiwn yn y 1600au. Mae modd gweld toriadau agored hynafol ac olion gweithfeydd diweddarach a simnai peiriandy'r 19eg ganrif o hyd. Mae byrddau dehongli'n rhoi gwybodaeth am wahanol agweddau ar y cwm gan gynnwys botaneg, daeareg a hanes unigryw'r ardal. Mae'r ardal hon yn AoDdGA a SAM.

CWMYSTWYTH SN8023074550
Mae'r ffordd trwy Gwm Ystwyth yn mynd trwy safle mwyngloddio Cwmystwyth sy'n cynnwys y safle mwyngloddio metel cynharaf i'w gofnodi yn y DU. Maint ac effaith y gweithfeydd diweddarach yw nodwedd fwyaf trawiadol y safle hwn. Mae'r ardal yn AoDdGA a SAM. Mae modd gweld yr olion o'r ffordd.

PLACES TO VISIT

Most mine sites are on private land and are inaccessible to the public without the landowners permission. Others are too dangerous for visiting to be recommended. Some sites, however, are easily accessible. A lot can often be seen from the roadside. Historic maps are very useful when visiting a site as they often depict mines sites in considerable detail. Exploration below ground should not be carried out without the assistance of experienced persons. Please read the safety advice for visiting mine sites included at the end of this booklet.

CWM RHEIDOL SN7105078900
You can catch the Vale of Rheidol narrow gauge steam railway that links Aberystwyth to Devils Bridge. This was originally opened to serve the lead mines of the Rheidol Valley in which the remains of several lead mines can be seen.

CWMSYMLOG SN6981083740
The historic hamlet and mines of Cwmsymlog were once extremely rich in producing silver. This is where Sir Hugh Myddelton, Sir Humphrey Mackworth, Thomas Bushell and the Company of Mine Adventurers made their fortunes in the 1600's. Ancient open cuts and the remains of the later 19th century workings and engine house chimney can still be seen. Interpretation boards provide information on the various aspects of the valley including the unique botany, geology and history of the area. This area is a SSSI and SAM.

CWMYSTWYTH SN8023074550
The road through the Ystwyth Valley passes through the Cwmystwyth mine site, which includes the oldest recorded metal mine site in the UK. It is the scale and impact of the later workings that are the most impressive aspect of this site. The area is a SSSI and SAM. The remains can be seen from the road.

Mae llawer o safleoedd yn cynnwys gwybodaeth a byrddau dehongli sy'n disgrifio hanes lleol a mannau o ddiddordeb. Mae Cymdeithas Mwyngloddiau Cymru yn trefnu teithiau cerdded a gweithgareddau eraill yn yr ardal. Yn Amgueddfa Fwyngloddio Llywernog cewch weld enghreifftiau o beirianwaith mwyngloddio. Mae cyfle i fentro dan y ddaear hyd yn oed (G. Levins)

The Welsh Mines Society organise walks and other activities in the area. At Llywernog Mining Museum examples of mining machinery can be seen. There is even an opportunity to venture underground. Many sites and villages contain information and interpretation boards describing local history and sites of interest (G. Levins)